Christa Kaletsch, Jasmine Gebhard

Kinderrechte in der KiTa

Christa Kaletsch, Jasmine Gebhard

Kinderrechte in der KiTa

debus PÄDAGOGIK

Bibliografische Information der Deutschen Nationalbibliothek

Die Deutsche Nationalbibliothek verzeichnet diese Publikation in der Deutschen Nationalbibliografie; detaillierte bibliografische Daten sind im Internet unter http://dnb.d-nb.de abrufbar.

www.wochenschau-verlag.de

Umschlaggestaltung: Ohl Design
Gedruckt auf chlorfrei gebleichtem Papier
Gesamtherstellung: Wochenschau Verlag
ISBN 978-3-95414-173-9 (Buch)
E-Book ISBN 978-3-95414-174-6 (PDF)

Inhalt

Geleitwort

Kinderrechte von klein auf denken und berücksichtigen – was genau ist damit eigentlich gemeint? Und wie kann dies in Verbindung gebracht werden mit dem Artikel 12 der UN-Kinderrechtskonvention, in dem es heißt, Kindern solle das Recht zugestanden werden, ihre Meinung frei zu äußern und gleichzeitig habe die Berücksichtigung dieser Meinung des Kindes stets angemessen und entsprechend seinem Alter und seiner Reife zu erfolgen?

Die Kinderrechte laut UN-Kinderrechtskonvention formulieren für heranwachsende Menschen zwischen null und 18 Jahren Schutz-, Förder- und Beteiligungsrechte. Sie sind eigens für die junge Generation verfasst, um die für alle Menschen geltenden Menschenrechte in Bezug zu den altersspezifischen Bedürfnissen und Lebenslagen von Kindern und Jugendlichen auszubuchstabieren und als eigenes Recht festzuschreiben. Kinder und Jugendliche werden damit als Rechtssubjekte verstanden und haben damit die Möglichkeit, die eigens für sie formulierten Rechte einzuklagen.

Mit dem Fachbuch „Kinderrechte in der Kita" gehen die Autorinnen den eingangs gestellten Fragen nach und liefern ganz konkrete und praxisbezogene Antworten für die frühkindliche Bildung. Denn neben der rechtlichen Verankerung von Kinderrechten bleibt immer auch die Frage, wie diese konkret im alltäglichen Handeln und im Aushandlungsprozess der generationalen Ordnung zwischen Menschen unterschiedlichen Alters umgesetzt werden können und müssen. Denn Kinderrechte laut UN-Kinderrechtskonvention sind nicht ‚nice to have', sondern festgeschriebenes Recht jedes einzelnen Kindes und Jugendlichen, auf welches sie Anspruch haben und erheben können.

Die Kinderrechte haben bereits mit der Verabschiedung der Konvention für die Rechte des Kindes durch die Vereinten Nationen im Jahr 1989 einen rechtlichen Rahmen erhalten. Bei genauerer Betrachtung der Umsetzung der Kinderrechte zeigt sich aber, dass die Ratifikation der UN-Kinderrechtskonvention durch fast alle Länder der Welt (außer den USA) keine Garantie dafür ist, dass die verbrieften Rechte von Kindern und Jugendlichen automatisch zu deren Wohlbefinden führen. Kinderarmut weltweit, unzureichende Zugänge zu Bildung, Diskriminierungen aufgrund von Geschlecht, Alter oder Herkunft sind für viele Millionen Kinder weltweit an der Tagesordnung.

Auch die Ratifizierung der UN-Kinderrechtskonvention in Deutschland im Jahr 1992, also vor fast 30 Jahren, hat noch nicht im befriedigenden Maße zu der Einhaltung und Umsetzung der Kinderrechte geführt. So haben wir auf der rechtlichen Ebene nach wie vor die Debatte, ob und wie die Kinderrechte auch in das Grundgesetz der Bundesrepublik Deutschland aufgenommen werden müssen. Hier ist nach vielen Jahren Diskussion darauf zu hoffen, dass eine Verankerung in der deutschen Verfassung stattfindet, die dazu führen wird, dass Kinderrechte in der gesamtgesellschaftlichen Breite endlich zu ihrer angemessenen Berücksichtigung finden, sodass in allen kinder- und jugendrelevanten Berufs- und Gesellschaftsgruppen ein „Kinderbewusstsein" im Sinne der Kinderrechte etabliert wird.

Ganz praktisch und auf das fachliche Handeln von Pädagoginnen und Pädagogen bezogen zeigt sich aber auch nach dem 30-jährigen Jubiläum der UN-Kinderrechtskonvention, dass die Kenntnis und das Wissen über die Kinderrechte an sich, aber auch insbesondere über deren konkrete Umsetzung oftmals noch unzureichend ist. Das vorliegende Buch schließt damit eine Lücke. Mit der Betrachtung von Gleichheit, Partizipation, Förderung und Schutz unter konsequenter Bezugnahme zu typischen (Alltags-)Situationen in der Kindertagesstätte bietet das Fachbuch konkrete Informationen zu der Frage, wie kinderrechtliches Handeln eigentlich grundsätzlich in der Pädagogik etabliert werden kann. Damit spricht es bereits berufstätige Menschen an, die in der Erziehung und Bildung von jungen Kindern tätig sind, aber auch angehende Fachkräfte der Frühen Bildung, die jeweils ihr Wissen erweitern und an ihrer Haltung gegenüber Kindern im Sinne eines kinderrechtlichen Denkens und Handelns arbeiten wollen.

Darmstadt im September 2020
Dr. Katharina Gerarts
Professorin für Kindheitswissenschaften und ehemalige
hessische Landesbeauftragte für Kinderrechte

„Kleine Worte – Große Wirkung!" – ein Modellprojekt als Ideengeber für dieses Buch

Im Sinne der UN-Kinderrechtskonvention alle Kinder so früh wie möglich darauf vorbereiten, verantwortungsbewusst in einer freien Gesellschaft zu leben, die sich durch Verständigung über Konflikte, Toleranz für Verschiedenheit und Nicht-Diskriminierung auszeichnet? Eine wichtige Antwort darauf, wie das gelingen kann, stammt aus der Zusammenarbeit des Frankfurter Vereins Makista mit Kindertagesstätten und Sprachförderkursen an Grundschulen aus Hanau im Projekt „Kleine Worte – Große Wirkung!" (2017 bis 2019): Starten Sie mit einem positiven Zugang und Empowerment! Jedes Kind ist einzigartig und hat Rechte. Das Kennenlernen „kleiner Worte" und ihrer Bedeutung kann „große Wirkung" entfalten – daher der Programmtitel. Schon Kinder im Vorschulalter lernen, dass nicht nur *ich* Rechte habe, sondern auch *du* Rechte hast und *wir alle* Rechte haben. Eine zentrale Rolle kommt dabei der Entwicklung einer kinderrechte- und heterogenitätssensiblen Haltung von Pädagog*innen zu. Im Projekt wurden Fachkräfte aus fünf Modell-Kitas darin unterstützt, ihren pädagogischen Alltag mit Bezug auf die Kinderrechte zu reflektieren und Lösungen zu finden. Wir entwickelten und begleiteten Teamtage als Start eines Entwicklungsprozesses zur kindergerechten Kita, organisierten Austauschtreffen von Vertreter*innen der teilnehmenden Institutionen und gaben darin Impulse und Handlungsanregungen. Gemeinsam mit Kita-Teams entstanden Elternabende zur Verständigung über die alltägliche Umsetzung der Kinderrechte. Und wir regten die Kooperation und Verständigung über eine Kinderrechtspädagogik der Kitas mit den benachbarten Grundschulen und den dort angebotenen Sprachförderkursen für Vorschulkinder an. Kernstück und Ergebnis des Projekts ist das Materialpaket „Kleine Worte – Große Wirkung! Kinderrechtebaukasten für die frühkindliche Bildung und Sprachförderung". Rund 150 Seiten bieten Anleitungen für pädagogische Fachkräfte zum Umgang mit Spielen, Bilderbüchern, Ritualen und Liedern, die eine direkte und indirekte Vermittlung der Kinderrechte ermöglichen. Alltagssituationen der Kita werden zu den Kinderrechten in Bezug gesetzt und erläutert, wesentliche Aspekte der Kinderrechte für die Fachkräfte darüber hinaus theoretisch erklärt. Eigens entwickelte Illustrationen zu zehn wichtigen Kinderrechtsbereichen machen es Kindern (und auch Erwachsenen) einfach, sich assoziativ mit dem jeweiligen Kinderrecht explizit zu beschäftigen. Den Baukasten ergänzen ein Erklärvideo, große Bildkarten (z. B. für das Kamishibai-Erzähltheater), ein Poster und Postkarten. All das kann über Makista bestellt werden (www.makista.de) und wird in den Fortbildungs- und Beratungsangeboten des Vereins eingesetzt. Ein Kompetenzteam hat das Projekt begleitet und eine Verankerung in der Kommune angestoßen. Darin trafen sich Expertinnen der Stadt Hanau aus dem Präventionsrat, aus der Abteilung Sprachförderung des Schulamtes, aus den Vorlaufkursen des Hessischen Kultusministeriums, aus dem Kinderbüro und der Abteilung Kinderfreundliche Kommune sowie Leitungskräfte zweier Kitas. Eingebunden und gefördert wurde „Kleine Worte – Große Wirkung!" im Landesprogramm „Hessen aktiv – für Demokratie und gegen Extremismus".

Nahezu alle beteiligten Einrichtungen haben den Kinderrechtebezug an unterschiedlichen Stellen fest in ihrer Struktur verankert und richten sich weiter danach. Die Fachkräfte erzählten von spürbaren Veränderungen des Alltags während ihrer individuellen Entwicklung zu einer „Kinderrechte-Kita". Einige legten vor allem Wert darauf, die Eltern von Anfang an einzubeziehen, andere arbeiteten erst einmal stark an der Reflexion der eigenen kinderrechtsbewussten Haltung im Umgang mit den Kindern. Wieder andere Kitas arbeiteten mit den Kindern in Projekten explizit zu den Rechten. Für die Zukunft wünschten sich einige

Im Projekt „Kleine Worte – Große Wirkung!" beteiligte Institutionen:

- **Evangelische Tageseinrichtung für Kinder Marienkirche**
- **Katholische Kita Heilig Geist**
- **Kita Alice Salomon**
- **Kita Janusz-Korczak**
- **Kita Sandeldamm**
- **Brüder-Grimm-Schule (Vorlaufkurs)**
- **Gebeschusschule (Vorlaufkurs)**
- **Pestalozzischule (Vorlaufkurs)**

Fachkräfte von Makista noch einmal ganz detaillierte Rückmeldungen zu ihren Maßnahmen mit Bezug auf die Kinderrechte. Wir greifen dieses Vertrauen und die klare Zusage, weiter mit den Kinderrechten als Kompass zu arbeiten mit diesem Buch auf und sehen es als einen schönen Erfolg der Arbeit in dem Modellprojekt.

Kinderrechte als Bezugsrahmen – grundlegende Hinweise zur Umsetzung frühkindlicher Menschenrechtsbildung

„Zuerst hatten wir alle eine gewisse Skepsis: oh, das jetzt auch noch. Wir machen doch schon so viel ... und dann haben wir gemerkt, eine Ausrichtung nach den Kinderrechten ist ja gar nichts Zusätzliches – im Gegenteil, das stärkt uns in unserem Tun und macht deutlich, was und warum wir es tun". So beschreiben Kitaleitungen wiederkehrend Effekte, die Teams, die sich auf den Weg zu einer Kinderrechte-Einrichtung machen, erleben können. Im Zuge der besonderen Herausforderungen, die durch das Covid 19-Virus ausgelöst wurden, wiederholten sich bestimmte Prozesse: „Im Lockdown hatten wir zunächst das Gefühl der Lähmung und des Stillstands und manchen kam es zunächst seltsam und abwegig vor, sich auf die Kinderrechte zu beziehen. Als wir es trotzdem gemacht haben, wurde uns klar, wie hilfreich das ist. Es gibt Struktur und eine gute Basis in der Entscheidungsfindung", berichtet eine in der kommunalen Verwaltung für alle Kitas zuständige und diese pädagogisch leitende Person. Und ergänzt: „Es ist gut, wenn man daran immer wieder erinnert und bei der Umsetzung unterstützt wird." Auch Erzieher*innen, die in Hanau tätig sind und die gleich zwei sehr einschneidende und verunsichernde Ereignisse (einen knappen Monat vor dem massiven Ausbruch der Pandemie kam es zu rassistischen Morden, denen neun Menschen zum Opfer fielen und die viele Menschen mittel- und unmittelbar betrafen) halten und bewältigen müssen, meldeten zurück, dass ihnen die Orientierung an den Kinderrechten einen wichtigen Halt gegeben habe. Die verschiedenen Einblicke in die Alltagspraxis der elementarpädagogischen Einrichtungen, die sich als „Häuser der Kinderrechte" entwickelt haben, können ein wesentliches Element frühkindlicher Menschenrechtsbildung (in Kita, Hort, Grundschulen, Kindertreffs und anderen Orten) vermitteln: es geht um die Entwicklung einer „Kultur der Menschenrechte", in der die Ausrichtung an den Kinderrechten vor allem eine Haltung beschreibt, in der alle sich begegnen und die stilbildend für die Interaktionen zwischen den Beteiligten ist. Dabei kommt selbstverständlich den Erwachsenen eine andere Rolle zu als den Kindern. Außerdem übernehmen Erzieher*innen in der Kinderrechtsbildung andere Aufgaben als die Erziehungsberechtigten. Trotzdem bieten die Kinderrechte für alle eine wesentliche Bezugsgröße – auf die alle möglichst selbstbewusst und selbstverständlich zugreifen können.

Kinder verstehen am besten, was Kinderrechte sind, wenn sie erleben, dass sie im Sinne der Kinderechte behandelt werden und alle Menschen sich in Anerkennung der Menschenrechte begegnen. Durch die Entwicklung einer entsprechend menschenrechtsorientierten Haltung können Kinder ganz selbstverständlich das Leben mit und in den Kinderrechten erfahren. Der Ebene des Erlebens kommt in der frühkindlichen Bildung eine große Bedeutung zu. Dazu das Deutsche Institut für Menschenrechte (DIMR): „Da Kinder praktische Gelegenheiten und Erfahrungsräume zur Ausübung ihrer Rechte benötigen, sollte Menschenrechtsbildung in alltäglichen Situationen verankert sein. Der Zusammenhang von Bedürfnissen und Rechten, Pflichten und Regeln lässt sich auch in Kindertagesstätten von Beginn an thematisieren und sowohl auf das eigene Handeln als auch auf das Handeln von anderen (Kindern wie Erwachsenen) beziehen." (DIMR 2016, S. 3)

Dabei ist es wichtig, dass das intuitive im Sinne der Kinderrechte Handeln von Erwachsenen mit einer expliziten Benennung der Kinderrechte verknüpft wird. Informationen und Wissen über die Kinderrechte stärken die Kinder in der Wahrnehmung ihrer Rechte, helfen ihnen sprechfähig zu bleiben, wenn diese verletzt werden und unterstützen sie, sich für die eigenen Rechte und diejenigen anderer Kinder einzusetzen. Erfahrungsgemäß stärkt das Wissen um die Kinderrechte alle, die sich im Haus der Kinderrechte um das Wohl und die Interessen der Kinder bemühen. Eine Ausrichtung an den Kinderrechten im Sinne der Förderung einer Kultur der Kinderrechte bezieht sich auf die Kinderrechte weniger als ein Instrumentarium des juristisch fundierten Beschwerdewegs. Es geht vielmehr um die Entwicklung einer Grundlage für ein konstruktives Miteinander, bei dem in schwierigen, herausfordernden Momenten und/oder in Aushandlungsprozessen die Kinderrechte als Bezugsrahmen für die Bewertung und Entscheidungsfindung genutzt werden können.

Dieser Hinweise ist erfahrungsgemäß deshalb wichtig, da die Einführung einer Kinderrechtsorientierung nicht selten von Befürchtungen und Abwehr begleitet sein kann: Man*frau fühlt sich bewertet und im schlimmsten Falle angeklagt. Deshalb werden Rechtfertigungsnarrative bei der Feststellung von Optimierungsbedarfen antizipiert. Dies ist nicht unser Anliegen. Vielmehr geht es darum, alle Beteiligten zu unterstützen und ihnen den Umgang mit Herausforderungen zu erleichtern. Entsprechend formuliert das DIMR in dem Dossier „Menschenrechte von Anfang an. Die Bedeutung frühkindlicher Menschenrechtsbildung": „Die Stärkung der Kinderrechte geht Hand in Hand mit der Stärkung der Menschenrechte von Erwachsenen. So sind Kinder- und Menschenrechte nicht als zusätzliches Thema oder gar als Belastung anzusehen, sondern als integraler Bestandteil der Organisation und der Gestaltung des pädagogischen Alltags sowie von Beziehungen und Interaktionen. Kinder- und Menschenrechte sind ein Bezugs- und Orientierungsrahmen, der in alltäglichen Fragen unterstützend und klärend wirken kann." (DIMR 2016, S. 1)

Eine explizite Beschäftigung mit und daraus resultierend ein grundlegendes Wissen über Kinderrechte ist dabei eine wesentliche Grundlage. „Wer seine Rechte kennt, kann einfordern, dass der Staat seinen Verantwortlichkeiten gerecht wird – im Handeln seiner Behörden, der Pädagog*innen und durch die Schaffung entsprechender Strukturen, damit Kinder- und Menschenrechte nicht missachtet und Verletzungen angemessen thematisiert werden. Explizite und rechtebasierte Menschenrechtsbildung hat also eine andere Aussage und Wirkkraft als moralische Appelle und Bitten." (DIMR 2016) Eine möglichst alltagsnahe Vermittlung der menschenrechtlichen Grundlagen sollte unserer Einschätzung nach die Entwicklung einer kinderrechtsbasierten Institutionenkultur begleiten. Im Folgenden stellen wir daher entsprechend zentrale Aspekte zusammen:

Kinderrechte sind Menschenrechte

Die 1989 in den Vereinten Nationen verabschiedete Kinderrechtskonvention setzt sich bewusst mit der besonderen Rolle des Kindes im Menschenrechtssystem auseinander. Sie erkennt an, dass Kinder von Beginn an Menschen und damit ohne Einschränkung Träger*innen von Menschenrechten sind. Gleichzeitig setzt sie sich bewusst mit den spezifischen entwicklungsbedingten Bedürfnissen von Kindern auseinander (vgl. Maywald 2012, S. 14/15).

Das DIMR formuliert hierzu: „Kinderrechte sind [...] als eine spezifische Ausformung der Menschenrechte zu verstehen. Kinder unterscheiden sich aufgrund ihrer besonderen Bedürfnisse nach Schutz und Unterstützung in ihren Entwicklungsprozessen von Erwachsenen; Kinder sind auf Erwachsene angewiesen und von ihnen abhängig. Auf diese besondere Situation von Kindern geht die UN-Kinderrechtskonvention, die in Deutschland seit 1992 in Kraft ist, explizit ein." (DIMR 2016, S. 1)

„Als ‚Seiende' sind sie (die Kinder) einerseits Menschen wie alle anderen auch. Als ‚Werdende' sind sie andererseits Menschen in einer besonders dynamischen Entwicklungsphase. Das Verhältnis zwischen Erwachsenen und Kindern ist asymmetrisch: Erwachsene tragen Verantwortung für Kinder, nicht jedoch umgekehrt Kinder in gleicher Weise für Erwachsene." (Maywald 2012, S. 15)

Diese Erkenntnis ist nicht nur grundlegend für das Verhältnis zwischen Eltern und Kindern, sondern selbstverständlich auch für die Beziehung zwischen Pädagog*innen und Kindern. Die Kinderrechte können dabei allen Beteiligten ein wichtiger Bezugsrahmen sein.

Von 54 Artikeln zu zehn wichtigen Rechten – oder wie man Pädagog*innen Lust auf möglichst viel Kinderrechts-Bezüge machen kann

Die 1989 in der UN verabschiedete Kinderrechtskonvention (KRK) hat insgesamt 54 Artikel. Der Großteil dieser Artikel beschreibt materielle Rechte. In einem anderen, kleineren Teil werden verfahrensrechtliche Regelungen beschrieben (wie z. B. die Bedingungen des Inkrafttretens oder der Ratifikation).

Wer in pädagogischen Kontexten mit und zu den Kinderrechten arbeiten möchte, muss sicher nicht immer alle 54 Artikel komplett und ausführlich präsent haben. Die Grundzüge des bisher umfassendsten Menschenrechtspapiers und dessen Bedeutung im Gesamtgebäude der seit 1948 verabschiedeten Konventionen, sowie dessen wichtigste Artikel und vor allem ein Verständnis für den dadurch beschriebenen Subjektstatus des Kindes sollten den mit den Kinderrechten arbeitenden Pädagog*innen jedoch bekannt/vertraut sein.

Es erscheint nicht ratsam, Teilnehmende von Workshops zu den Kinderrechten (weder Erwachsene noch Kinder und Jugendliche) mit dem kompletten Text der Kinderrechtskonvention zu konfrontieren. Dies könnte aufgrund seiner Komplexität die Teilnehmenden überfordern und abschrecken. Die Arbeit mit und zu den Kinderrechten muss leicht zugänglich, einfach handhabbar und damit selbstverständlich alltagstauglich sein. Gleichzeitig ist es wichtig, die Grundlagen menschenrechtlicher Konzepte zu vermitteln und darauf zu achten, dass durch Reduktionen nicht wesentliche Aspekte verloren gehen. Dabei bieten sich zwei Strukturierungshilfen an: zum einem die vom UN-Kinderrechteausschuss besonders hervorgehobenen vier Grundprinzipien: Gleichheit, Schutz, Förderung und Partizipation zum anderen die drei Rechtskategorien: Schutz-, Beteiligungs-, und Förderrechte.

Indem der UN-Kinderrechteausschuss vier (materielle Rechte beschreibende) Artikel der Kinderrechtskonvention herausgreift und in ihnen Grundprinzipien erkennt, vermittelt sich zum einen die Bedeutung des Subjektstatus der Kinder und die daraus resultierende Erkenntnis, dass es bei der Kinderrechtskonvention insbesondere um die Beteiligung und Stärkung von Kindern geht. Zum anderen wird deutlich, dass in der UN-KRK der Unteilbarkeit der Kinderrechte eine zentrale Bedeutung beigemessen wird. Unteilbarkeit meint: die Wahrnehmung, dass die einzelnen Rechte wechselseitig aufeinander bezogen sind. Dadurch wird deutlich, dass Menschenrechts-, Grundrechts- oder Kinderrechtsträger*innen nur das eine Recht in vollem Umfang genießen können, wenn auch die anderen Rechte gewährleistet sind. Zum Beispiel: Das in Artikel 6 beschriebene Recht auf Leben beschreibt mehr als den Schutz der körperlichen und seelischen Unversehrtheit des Kindes. Es nimmt auch die Bedingungen in den Blick, in denen Kinder aufwachsen und sensibilisiert für die Notwendigkeit der Unterstützung bei der Förderung. Dadurch wird auch die Notwendigkeit des Ausgleichs ungleicher Bedingungen erkannt. Dies wird durch die Betonung des Rechts auf Nichtdiskriminierung in Artikel 2 verstärkt und sensibilisiert diejenigen (erwachsenen) Schlüsselakteur*innen, die Gelegenheitsräume für Kinder- und Jugendpartizipation gestalten können und müssen. Sie müssen methodisch kreativ sein und darauf achten, dass alle Kinder bei den (partizipativen) Angeboten mitmachen können.

Dies bedeutet, dass zur Durchsetzung des in Artikel 12 aber auch 3 beschriebenen Rechts auf Partizipation insbesondere Wege gesucht werden müssen, die gewährleisten, dass alle Kinder gleichermaßen Zugangsmöglichkeiten zu den entsprechenden Gremien, Medien und Inhalten der Meinungsfindung und Mitbestimmung erhalten. Der in Artikel 3 formulierte Vorrang des Kindeswohls kann als ein Leitprinzip aller Arbeit mit Kindern im Lichte der Kinderrechte betrachtet werden und fordert dazu auf, bei allen Gesetzgebungs-, Verwaltungs- und sonstigen Maßnahmen öffentlicher oder privater Einrichtungen nach dem „best interest oft the child" zu fragen oder anders ausgedrückt: das Wohl des Kindes bei allen Entscheidungen vorrangig zu berücksichtigen.

Vom Abstrakten ins Konkrete

Um als erwachsene Lernbegleitung in pädagogischen Zusammenhänge Kindern und Jugendlichen die Kinderrechte vermitteln zu können, ist es wichtig, die beschriebenen vier Grundprinzipien und ihre Aufeinander-Bezogenheit zu verstehen. Darüber hinaus sollten die Kinderrechte so konkret wie möglich und explizit als Kinderrechte eingeführt werden. Die in der KRK beschriebenen Rechte beziehen sich auf unterschiedliche Lebenssituationen und Lebensbereiche von Kindern und Jugendlichen. Zum Umgang mit der Vielzahl dieser materiellen Rechte bietet die Aufteilung in die drei Rechtskategorien *Schutz-, Förder- und Beteiligungsrechte* Strukturierungshilfe. Maywald beschreibt diese Kategorien als Säulen der Kinderrechte. Ihnen kann das Prinzip des „best interest of the child" als Dach überwölbend vorangestellt werden.

Möchten sich Pädagog*innen in ihrer Arbeit einzelnen Rechten widmen, kann es hilfreich sein, zunächst einmal festzustellen und dies auch entsprechend zu vermitteln, dass Kinder ein Recht auf Schutz, Förderung und Beteiligung haben. Daran anschließend lässt sich danach fragen, was dies konkret bedeutet.

Für den Kita-Bereich empfiehlt sich eine Auswahl klar nachvollziehbarer und alltagsnaher Rechte, um diese explizit zu behandeln und darüber den Kindern ein grundlegendes Verständnis dafür zu vermitteln, dass sie Rechte haben. Die Einführung der Kinderrechte sollte die Kinder stärken, sie nicht verängstigen und/ oder überwältigen. Deswegen empfehlen wir, zu zentralen Artikeln wie z. B. dem Schutz vor (sexualisierter) Gewalt (Artikel 34) und den besonderen Bedingungen von Kindern auf der Flucht (Artikel 22) nur im Bedarfsfall zu arbeiten.

Werden die Kinderrechte in einer Kita eingeführt, so sollen sie als eine für die Kinder relevante, ihre Lebensrealität beschreibende, sie in ihren Bedürfnissen ernstnehmende und sie in ihrer Entwicklung stärkende Sache beschrieben werden. Die Einschätzung des DIMR-Dossiers zur Einführung der Menschenrechte in frühkindlicher Bildung können hierzu handlungsleitend sein: „Können wir junge Kinder mit der Thematik der Menschenrechte überfordern? Diese Befürchtung wird häufig geäußert, wenn Menschenrechte als abstrakt und komplex wahrgenommen oder mit Menschenrechtsverletzungen wie Gewalt, Folter oder Kriegsverbrechen assoziiert werden. Positive Zugangsmöglichkeiten über Fragen von Gerechtigkeit, Gleichheit und Verschiedenheit und vor allem über die Kinderrechte werden dabei übersehen. Werden Menschenrechte positiv besetzt, überfordern wir Kinder nicht, sondern stärken ihre (häufig unterschätzte) Reflexions- und Wahrnehmungsfähigkeit." (DIMR 2016, S. 2)

An konkreten Beispielen lässt sich vermitteln, wie viele Kinderrechte im Alltag der Kinder stecken: Kinder haben ein Recht auf ein gutes Leben! Und was macht das aus? Z. B.: der Zugang zu angemessenem, nicht krankmachendem Essen, Trinken, angemessene Kleidung, ausreichend Zeit für Freizeit und Erholung, das Recht auf genügend Schlaf in einer geschützten Atmosphäre, Rückzugsorte und Bewegungsfreiheit. Das Recht auf Geborgenheit und verlässliche Strukturen. Das Recht, die eigene Meinung zu sagen, die Wahl zu haben und im Alltag mitentscheiden und mitgestalten zu können. Dazu gehört auch der Zugang zu kindgerechten Informationen, das Recht Fragen stellen zu können und Antworten zu bekommen, Dinge zu lernen und kreativ sein zu dürfen.

Reduktion, aber nicht Verwässerung – wie der Wesensgehalt der Kinderrechte bei der Entwicklung von Materialien und Bildungs-Bausteinen erhalten bleiben kann

Alltagsnah, gut verständlich und trotzdem nah an dem Text der UN-Kinderrechtskonvention sollten Materialien, Übungen und Narrative in der (frühkindlichen) Menschenrechtsbildung sein. Selbstverständlich müssen kinderrechtskundige Multiplikator*innen in der Vermittlung der Kinderrechte immer wieder Verantwortung übernehmen, Entscheidungen treffen und komplexe Sachverhalte vereinfachen. Dabei sollten sie die Grundlagen der Menschenrechte und ihrer Entwicklung im Blick behalten: Menschenrechte reagieren auf Unrechtserfahrungen. Ihre Entwicklung ist unabgeschlossen. Niemandem steht zu festzustellen, welches die wichtigsten Menschenrechte sind. Vielleicht haben wir wesentliche Aspekte bei unserer Betrachtung der Menschen und ihrer Bedürfnisse und ihrem Unrechtserleben nicht im Blick. Auch wenn wir zur Einführung in die Kinderrechte einzelne Artikel auswählen, so sollten wir doch immer im Kopf behalten, dass sich für manche Fortbildungsteilnehmer*innen (unabhängig vom Alter) andere menschenrechtliche Aspekte als viel dringlicher erweisen.

Aus diesem Grund empfiehlt sich – wann immer es möglich erscheint – eine die Fantasien und Erlebniswelten der Teilnehmenden ansprechende Zugangsweise zu wählen. Mit der öffnenden Frage: „Was braucht ein Kind, um gesund und glücklich leben zu können?" lassen sich die Vorstellungen der Teilnehmenden erfragen und diese dann mit entsprechenden Kinderrechtsaspekten verknüpfen. Bereits drei- und vierjährige Kinder können ein Bild malen, in dem z. B. drei oder fünf Dinge vorkommen, die ein „Kind braucht, um glücklich leben zu können" (Ausgangspunkt war hierzu die Befragung von Kindern im Rahmen der Kinderglücksstudie 2010 von Hurrelmann/Andersen). Dieser Zugang ermöglicht eine sehr teilnehmer*innenorientierte Herangehensweise, in der auch die Unabgeschlossenheit der Menschenrechte Raum finden kann. Insbesondere dann, wenn Aspekte benannt werden, die bisher nicht explizit als Kinderrecht formuliert worden sind.

Ein weiterer wichtiger Effekt dieser Zugangsweise ist, dass die Teilnehmenden erleben, dass Kinder- und Menschenrechte gar nicht etwas so Abstraktes, ihrem Leben und ihrer Vorstellungswelt Fernes sind. Sie selbst haben konkrete menschenrechtliche Vorstellungen und zu den einzelnen Aspekten, die sie benennen, lassen sich in der Kinderrechtskonvention entsprechende Artikel und konkrete Formulierungen finden. Viele ältere Teilnehmende entwickeln ein großes Interesse daran, auf der Grundlage ihrer eigenen Vorstellungen in die konkreten Menschenrechtskonventionen/Gesetzestexte zu schauen und verlieren darüber ihre Scheu vor der Abstraktheit juristischer Texte.

Materialien, Broschüren und Piktogramme helfen, das geweckte Interesse in verständlicher Form aufzugreifen. Dabei empfiehlt es sich, darauf zu achten, dass die Vereinfachungen und Verdeutlichungen möglichst nah am Originaltext bleiben. Besonders empfehlenswert sind in diesem Kontext Materialien, die parallel zu ihrer leicht zugänglichen Variante auf den Text der UN-Konvention verweisen. Als beispielgebend kann dabei die vom Frankfurter Kinderbüro entwickelte Broschüre „Kinderrechte leicht erklärt" betrachtet werden. Auch die kleinen Pocket-Bücher zu den Kinderrechten von Unicef Deutschland in zwei Fassungen (zum einen der Originaltext, zum anderen die illustrierte, kinderfreundlich formulierte Version) empfehlen sich in diesem Zusammenhang, weil der gesamte Konventionstext damit erhalten und zugänglich bleibt. Bei der Entwicklung der Materialien im Projekt „Kleine Worte – große Wirkung!" haben wir uns bemüht, diese Spur aufzugreifen.

Besonderes Augenmerk bei der Auswahl und Neuformulierung der Rechte lag darauf, durch die Vereinfachung keine fehlerhaften Reduktionen vorzunehmen. Diese geschehen schnell, wenn man zur Erläuterung mehrere, in einzelnen Artikeln formulierte Aspekte unter einem Symbol in einem gemeinsamen Text zusammenfasst. Problematisch ist auch, wenn man ausgewählte Aspekte durchnummeriert (z. B. „die sieben wichtigsten Kinderrechte"). Nicht selten passiert, dass Nutzer*innen des Materials Ziffern und nicht Begriffe verwenden und dann z. B. das dritte Recht als wichtig benennen. Ist das dritte Recht auf der Karte der sieben wichtigsten Kinderrechte das Recht auf Meinungsfreiheit, wird es missverständlich. Denn Artikel 3 der UN-KRK beispielsweise beschreibt den Vorrang des Kindeswohls und unter Artikel 12 finden wir die Meinungsfreiheit.

Ein Bemühen um eine möglichst präzise Erläuterung der Kinderrechte ist auch wichtig, weil Kinderrechte, wie alle Grund- und Menschenrechte, miteinander in Konflikt geraten können. Die einzelnen Rechte sind aufeinander bezogen, bedingen einander und können aber je nach Situation und Kontext eine unterschiedliche Priorität erfahren. Diese dem kinder- und menschenrechtlichen Denken eingeschriebene Grundlage kann sich dann als Hilfe bei Aushandlungsprozessen und in Konfliktfällen erweisen, wenn sich die in der Situation betroffenen (Rechts)Güter nachvollziehen und miteinander in Abwägung gebracht werden können.

Unteilbarkeit und Güterabwägung

Die den drei Rechts-Kategorien zugeordneten einzelnen Rechte konferieren miteinander, d. h. alle sind relevant und es lassen sich nicht einzelne aus dem großen Ganzen der Kinderrechtskonvention herausbrechen. Indem sie sich aufeinander beziehen, beschreiben sie auch den jeweiligen Wirkungs- oder Geltungsbereich eines Rechtes. Dabei können Rechte auch miteinander kollidieren oder in Konflikt geraten. In einem solchen Fall ist es wichtig, die formulierten Rechte auf den konkreten Fall zu beziehen und die durch die Rechte formulierten Rechts-Güter abzuwägen.

In der Regel wird den in den Schutzrechten formulierten Rechten der Vorrang eingeräumt. Man nennt sie daher auch absolute Rechte (im Unterschied zu relativen Rechten).

Leicht lässt sich dies an Beispielen erläutern, in denen der Gebrauch des Rechts auf Meinungsfreiheit mit dem Recht auf seelische Unversehrtheit einer Person oder Gruppe kollidiert. Der Bereich der Meinungsfreiheit endet dort, wo die Würde eines Anderen betroffen ist und verletzt wird. Hierbei geht es um konkrete persönliche Angriffe, Aussagen, die einzelne Menschen konkret betreffen. Entsprechend wird im Grundgesetz (GG) in Artikel 5.2 eine Schranke formuliert, durch den der Gebrauch der Meinungsfreiheit definiert wird. Damit wird begründbar, dass Aussagen, die die Würde eines Anderen verletzen, nicht Ausdruck des Rechts auf Meinungsfreiheit, sondern vielmehr eine Verletzung des Rechts auf Nicht-Diskriminierung darstellen.

Auch in der Kinderrechtskonvention wird die Meinungsfreiheit in Artikel 13 als ein relatives Recht beschrieben und in Absatz 2 entsprechende zulässige Einschränkungen in die „Ausübung des Rechts“ benannt. Aus vorrangig zu behandelndem Gut „der Achtung der Rechte des Rufes anderer ...“ lässt sich ableiten, warum es wichtig ist, in Lerngruppen eine Atmosphäre des Respekts und der Achtsamkeit zu entwickeln. Außerdem lässt sich damit begründen, warum erwachsene Lernbegleitungen die Kinder dabei unterstützen sollten, konstruktiv mit Konflikten umzugehen und ihre Meinung so zu formulieren, dass sie Andere nicht verletzen. Komplexe Auseinandersetzungen mit Kindern im Kita-Bereich zur Begründung der Einschränkung der Meinungsfreiheit sind nicht zu erwarten. Entsprechende Auseinandersetzungen könnten jedoch bei Elternabenden entstehen; hier trägt der Verweis auf die Regelungen der Meinungsfreiheit im Grundgesetz zu Klarheit bei.

Für die Entwicklung einer kinderfreundlichen Atmosphäre in einer pädagogischen Einrichtung sei noch auf einen anderen Aspekt der Wechselwirkungen und Unteilbarkeit der Menschen- und Kinderrechte verwiesen:

Wenn formuliert wird, dass die Schutzrechte – in Fällen in denen einzelne Rechte in Konflikt geraten – in der Regel vorrangig betrachtet werden, so ist damit nicht gemeint, dass die Schutzrechte wichtiger seien, als die Rechte der anderen Bereiche. Menschen (Kinder und Jugendliche), die in Not geraten und/oder sich in prekären Lebensumständen befinden, haben das Recht auf Partizipation und Förderung, ebenso wie das Recht auf Schutz. Doch häufig fällt außenstehenden Betrachter*innen, die helfend eingreifen möchten, vor allem die Notwendigkeit der Achtung der Schutzrechte auf und das Recht auf Beteiligung und Mitbestimmung gerät aus dem Blickfeld. Für die von der Verletzung ihrer Rechte betroffenen Menschen stellt sich die Situation oft anders dar und sie nehmen die Einschränkung ihrer Möglichkeit der Partizipation durchaus und elementar als Verletzung ihres Subjektstatus’ und damit Verletzung ihrer Würde wahr. Um zu verhindern, dass wesentliche Rechte unberücksichtigt bleiben, kann es hilfreich sein, immer die vier Prinzipien der UN-KRK – Gleichheit, Schutz, Partizipation, Förderung – im Blick zu behalten. Was dies konkret und sehr praktisch bedeuten kann, haben wir versucht, in den folgenden vier Hauptkapiteln darzustellen. In diesen werden Alltagserfahrungen theoriegestützt aufgearbeitet und daraus resultierend Handlungsempfehlungen entwickelt

G

Gleichheit

Gleichheit

Die Kinder sitzen in einem Stuhlkreis. Aufmerksam folgen sie der Spur, die die Pädagog*in gerade entwickelt. Es beginnt mit dem „Ich". Sie zeigt mit dem Finger auf sich selbst, während sie laut und deutlich „Ich" sagt, dann deutet sie mit dem Finger auf ein ihr gegenübersitzendes Kind: „Du", um anschließend mit einer raumgreifenden Bewegung alle einzusammeln: „Wir alle". Die Schrittfolge „Ich – Du – Wir alle" ist sehr wichtig, um den Kindern die Universalität der Menschenrechte vermitteln zu können. „Keiner darf beleidigt oder diskriminiert werden", „jeder hat das Recht auf ..." – so beginnen die wesentlichen Formulierungen der Grund-, Kinder- und Menschenrechte und betonen damit den Subjektstatus und die Gleichwertigkeit aller. Die Worte „jeder" und „keiner" sind sehr abstrakt. Sie lassen sich aber auf der Basis sprachwissenschaftlicher Erkenntnisse und Kreativität, die eine spielerische Ernsthaftigkeit mit verlässlichen Ritualen kombiniert, grundlegend vermitteln.

Regelmäßige Auseinandersetzungen mit der Universalität der Menschenrechte, die beispielsweise das Ich mit dem großen Ganzen der Kinder der Welt verbindet, arbeiten mit Illustrationen, in denen sich die Einzelnen als Teil der weltweiten Menschenrechtsträger*innen wahrnehmen können. Kleine Übungen, in denen sich jedes Kind einerseits als eigenständig und einzigartig und gleichzeitig als Teil des großen Ganzen erleben kann, sollten die Einführung der Kinderrechte in der Elementar-Bildung begleiten.

Alle Kinder auf der Welt haben Rechte: Die Kinderrechte. Darin sind alle gleich – egal, ob sie groß, klein, dick, dünn, bewegungsfreudig oder sehr geduldig sind, in einer großen Stadt oder auf dem Land leben usw. Das Wissen um das Recht auf gleiche Rechtsansprüche bezieht die Wahrnehmung ungleicher Bedingungen und Lebensumstände mit ein.

Eine Ich-Du-Wir Girlande entsteht

Einführung in die Übung und Formulierungshilfen:

- Ich habe Rechte, Du hast Rechte, wir (alle) haben Rechte.
- Jedes Kind ist gleich wichtig.
- Kein Kind darf ausgeschlossen werden.
- Alle Kinder werden gleich gut behandelt.
- Alle Kinder dürfen dabei sein.
- Alle Kinder der Welt haben die gleichen Rechte.

Illustration: von Zubinski

Nachdem die Kinderrechte besprochen wurden, bastelt die Gruppe eine Ich-Du-Wir Girlande: Jedes Kind gestaltet „sich" auf einer Papierschablone in Form einer Figur und stellt sie den anderen vor. Die bunten und unterschiedlichen Figuren werden dann zu einer Girlande zusammengetackert und aufgehängt. Wenn sich am Ende alle Kinder an der Hand halten (wie ihre Papierfiguren) ist das ein passendes Bild für die Grundhaltung „Wir alle sind einzigartig und wichtig. Wie schön, dass wir zusammen sind".

(Makista 2019, S. 35f)

AKTIVITÄT

Stärkung der Kinder durch die weltweiten Kinderrechte

Kinderrechtsbildung soll Kinder stärken und nicht verunsichern. Daher sollte die Einführung der Kinderrechte das Ziel verfolgen, Kindern Lust und Mut zu machen, sich mit ihren Rechten und deren weltweiten Dimensionen zu verbinden. Ausgangspunkt ist ein die Kinder – in ihrem Erleben, ihrer Neugier, ihren Wünschen und Bedürfnissen – bestärkender Zugang, der Wege sucht, ihnen in ihrem Alltagserleben zu verdeutlichen, dass sie Rechte haben. Es geht um die Vermittlung einer positiven Grundbotschaft, die für alle Kinder weltweit gilt.

Gerade auf junge Kinder kann eine Hinführung zu den Kinderrechten, die deren Verletzungen in den Mittelpunkt rückt, sehr verstörend wirken. Noch immer finden sich Bildungsmaterialien, in denen die Kinderrechte vor allem über ihre Verstöße eingeführt werden. In diese Zugänge schleichen sich nicht selten Ungleichheit reproduzierende Blicke auf die Welt ein. Darin dominiert oft das Selbstbild, vor Ort in Deutschland in ausgesprochen guten Bedingungen zu leben, während in anderen Regionen, (die meist im globalen Süden verortet werden) Kinder vor allem Gefahr laufen, Opfer von Verletzungen zu werden. Dies ist aus zwei Gründen fehlerhaft. Zum einen wird man damit der Vielfalt kinderrechtlicher Entwicklungen auf der Welt nicht gerecht, zum anderen verdeckt dieser paternalistische Gestus die kinderrechtlichen Missstände hier bei uns. Die Verwirklichung der Kinderrechte bleibt weltweit eine Aufgabe. Die Frage der sozialen Herkunft spielt dabei sowohl in Ländern des globalen Südens wie Nordens eine Rolle, wenn es um Chancengleichheit, Bildungsgerechtigkeit und Teilhabe geht.

Eine heterogenitätssensible und diskriminierungskritische Reflexion eigener Bilder sollte u. a. auch die Arbeit mit den Erziehungsberechtigten begleiten. Das Zutrauen in die Akzeptanz und Wertschätzung gegenüber der Entwicklung eines kinderrechtlichen Ansatzes variiert erfahrungsgemäß. Eine vorurteilsbewusste Auseinandersetzung kann helfen, Menschen nicht in Schubladen zu stecken oder sie zumindest aus diesen wieder herauszulassen und sich überraschen zu lassen.

HINTERGRÜNDE

15,4% der 0 bis 18-jährigen in Deutschland sind von Armut bedroht (vgl. National Coalition 2019, S. 19). „Dies hat gravierende Folgen für die Verwirklichung einer Vielzahl von Kinderrechten: auf Bildung, gesundheitliche Entwicklung, soziale Teilhabe oder Möglichkeiten zur Beteiligung". (National Coalition 2019, S. 51). Das gilt auch weltweit: Arme Kinder sind viel stärker in Gefahr, vor ihrem fünften Geburtstag zu sterben, als (Kinder) aus wohlhabenden Familien *(Christian Schneider, Geschäftsführer UNICEF Deutschland, im UNICEF-Geschäftsbericht 2019, S. 17).*

„Das Recht auf Bildung nach dem Grundsatz der Chancengleichheit wird (in Deutschland) [...] nicht ausreichend und vor allem nicht diskriminierungsfrei umgesetzt." *(NC 2019, S. 55).*

„Ich weiß, wie wichtig es ist, dass Kinder Rechte haben“– Einblicke in Elternnachmittage

„Also, ich bin ja schon alt“, sagt ein etwa dreißigjähriger Vater, der vor vier Jahren mit seiner Familie aus Afghanistan ins Rhein-Main-Gebiet kam. „Ich bin ganz anders aufgewachsen als mein Sohn. Ich muss noch viel lernen, das weiß ich. Ich möchte, dass er lernt, mitzubestimmen“, beschreibt er seine Motivation, an der interaktiven Informationsveranstaltung der Kita seines Sohnes teilzunehmen. Dabei geht es um grundlegende Informationen, die die Einführung des kinderrechtlichen Bezugsrahmens in der Kita begleiten.

Die Idee der Transparenz steht im Mittelpunkt: Die Eltern sollen erfahren, was das Kita-Team beschäftigt, wie die Erzieher*innen sich auf den Weg machen, den Kindern die Kinderrechte zu vermitteln. Ganz nebenbei lässt sich dabei dann auch ein gemeinsames Verständnis für die Kinderrechte aufbauen. Wichtig ist die Rahmung, die eine Begegnung auf Augenhöhe ermöglicht, in der alle Menschen als Träger*innen der Menschenrechte und als Verantwortungsträger*innen für die Umsetzung der Kinderrechte adressiert werden. Einleitungen, in denen Teilnehmende zu „Anderen“ gemacht werden, sind zu vermeiden. Solche Ungleichheit produzierenden Ausschlussmechanismen geschehen schnell, wenn die Einladenden oder Referierenden die Zuhörenden als Menschen adressieren, die „als Kinder sicher viele Rechte vermissen mussten, weil sie in schwierigen Umständen aufgewachsen sind oder aus Ländern kommen, in denen nicht so eine gute Demokratie existiert, wie in Deutschland.“ Formulierungen dieser Art wirken verstörend. Sie verschließen den Zugang zu kreativen Lernräumen und kritischen Selbstreflexionen.

Es empfehlen sich offene und gleichermaßen öffnende Zugänge und Einstiege in interaktive Infoveranstaltungen mit Eltern und/oder anderen wichtigen Bezugspersonen der Kinder. Das können biografische Fragen sein, die den Teilnehmenden ermöglichen, sich mit ihren Erfahrungen als Kinder und Jugendliche auseinanderzusetzen und zu überlegen, wie sich das mit ihrem heutigen Tun und ihren Anliegen verknüpft. Nicht selten werden auf diesem Wege klare Bekenntnisse zur Notwendigkeit und Richtigkeit des Kinderrechtsbezugs benannt. Auch Kinderrechtswahlen, in denen die Erziehungsberechtigten eingeladen werden auf Grundlage einer (z. B. illustrierten) Zusammenfassung der Kinderrechte „das Recht auszuwählen, von dem sie denken, dass es für ihre Kinder besonders wichtig ist", schaffen Interesse, sich mit den Kinderrechten zu verknüpfen und nachzuvollziehen, wie diese im Alltag der Kinder erlebbar werden können.

A5-Karte mit einer kindgerechten und illustrierten Kurzfassung der UN-Kinderrechtskonvention von Makista e. V., entstanden im Projekt „Kleine Worte – Große Wirkung!" für die Arbeit mit Kindertagesstätten

Das Bewusstsein für die Relevanz der Kinderrechte kann auch über Spielszenen entstehen, in denen Alltagssituationen kinderrechtliche Fragestellungen aufgreifen, leichte Verstöße dargestellt und gemeinsam um Feedback und Optimierung des Verhaltens im Sinne der Kinderrechte gebeten wird. „Stopp, das brauchen sie gar nicht weiterspielen. Das ist überhaupt nicht gut, dass das Mädchen Hausarbeit machen soll und nicht zum Spielen raus kann", meldete sich beispielsweise in einer Veranstaltung eine Teilnehmerin zu Wort. „Sie hat ein Recht auf Erholung – genauso wie die Jungs", ergänzte sie ihren vehement vorgetragen Einwurf. Das habe sie „überrascht", bekannte eine Pädagog*in, die die Informationsveranstaltung für Eltern, die sich über den kinderrechtlichen Schwerpunkt einer Grundschule informieren wollten, begleitete. „Da sind mir meine Vorurteile bewusst geworden. Ich hatte aufgrund ihres traditionellen Erscheinungsbildes mit Kopftuch und auf mich sehr streng und schlicht wirkender Kleidung erwartet, dass sie die Ungleichbehandlung des Mädchens eher hinnimmt", berichtet sie in einer den Infoabend reflektierenden Teamsitzung. Diese Zuschreibungsmechanismen bewusst wahrnehmen und kritisch reflektieren zu können, schafft eine wesentliche Voraussetzung dafür, das Gleichheitsprinzip ernst zu nehmen und eine entsprechend diskriminierungskritische Haltung entwickeln zu können. Auf dieser Grundlage können Erzieher*innen und Erziehungsberechtigte sich im Rahmen eines Infonachmittags zu den Kinderrechten an den Ergebnissen der lustvollen und kreativen Aneignungswege der Kinder erfreuen und gleichzeitig Schwierigkeiten in der Umsetzung der Kinderrechte teilen.

ANREGUNG FÜR DIE PRAXIS

Kinderbücher, die Vielfalt ausdrücken und vorurteilsbewusste Geschichten erzählen, sollten zur Bibliothek jeder Einrichtung gehören. Sie müssen nicht immer explizit zum Thema gemacht werden, sondern können ganz selbstverständlich zum Vorlesen und/oder (gemeinsamen) Anschauen genutzt werden. Viele beliebte Kinderbücher beschreiben Geschichten, mit denen sich verschiedenste Kinderrechtsthemen kreativ vermitteln lassen – mal werden Herausforderungen gemeistert, Verletzungen von Rechten (indirekt) beschrieben oder positive und konstruktive Botschaften im Sinne der Kinderrechte verbreitet.

Hier finden Sie Literaturlisten inkl. Anregungen zur Arbeit damit:

- **Makista (Hrsg.) 2019: Kleine Worte – Große Wirkung. Kinderrechtebaukasten für die frühkindliche Bildung und Sprachförderung, Frankfurt**
  www.makista.de
- **Fachstelle Kinderwelten 2019: Bücherliste 2019. Kinderbücher für eine vorurteilsbewusste und inklusive Bildung für Kinder von 3 bis 6 Jahren, Berlin**
  www.kinderwelten.net

Kinderrechte als gemeinsamer Bezugsrahmen

Im manchmal stürmischen Alltagsgeschehen alle Rechte im Blick zu behalten oder Kinder gut zu beteiligen, auch wenn man es eilig hat, gelingt nicht immer. Diese Erfahrungen machen beide Seiten: Erziehungsberechtigte und Erzieher*innen. Schön, wenn sie sich damit kinderrechtsbewusst und fehlerfreundlich auseinandersetzen können. Erfahrungsgemäß ist es gut, wenn Erzieher*innen den Anfang machen und offen über Schwierigkeiten sprechen können. Transparenz und Fehlerfreundlichkeit kann Kinder und Erwachsene ermutigen, sich gemeinsam auf den Weg zu machen eine kinderrechtsbewusste Kultur des Miteinanders zu entwickeln. Anschaulich macht das zum Beispiel ein Lösungsweg, der im Kapitel zum Prinzip „Schutz" genauer beschrieben wird: Das von Kindern selbst entwickelte Konzept einer „Tobe-Ecke" trug dazu bei, das Recht auf körperliche und seelische Unversehrtheit besser zu bewahren. Und zwar nicht nur unter den Kindern – auch Erzieher*innen wurden von Kindern bei merkbar gedrückter Stimmung auf eine mögliche kurze Auszeit in der Tobe-Ecke aufmerksam gemacht.

Manchmal differieren Vorstellungen. Erziehungsberechtigte und Erzieher*innen ringen um den richtigen Weg. Mit Bezug auf die Kinderrechte können Situationen in Kontexten betrachtet und geschaut werden, welche Rechte hier konkret berührt sind, miteinander kollidieren und welchem Recht man – mit welcher Begründung – in der Situation den Vorrang geben möchte. So können Aushandlungsprozesse entstehen, die die unterschiedlichen Zugänge und Erfahrungshintergründe wertschätzen und in einem Klärungsprozess mit Blick auf das Wohl des Kindes (in der KRK: „best interest of the child") nach einer Handlungsoption in einer konkreten Situation suchen. Um was geht es jetzt in dieser Fragestellung? Welches Bedürfnis, welches Anliegen steht im Zentrum der Überlegungen? Dies können Fragestellungen sein, die einer Generalisierung, in der nicht selten Zuschreibungsmechanismen reproduziert werden, vorbeugen helfen. Es geht dann um die Auseinandersetzung mit einer konkreten Fragestellung und nicht um die Bewertung, welche Person die bessere Pädagogik vertritt – oder schlimmer noch: die bessere Pädagog*in ist.

Interkultur: es sind nicht Kinder oder Familien, die nicht passen. Die Umstände müssen sich nach den Voraussetzungen richten

Eine diskriminierungskritische und heterogenitätssensible Einrichtung stellt sich wiederkehrend selbstkritisch die Frage, ob sich Alle gleichermaßen gesehen, angenommen und selbstverständlich zugehörig fühlen können. Dies beginnt mit einem alle Sprachen gleichermaßen wertschätzenden Umgang mit Mehrsprachigkeit (mehr dazu findet sich im Kapitel „Förderung"), bezieht eine kritische Reflexion der Wahrung des Rechts auf Religionsfreiheit ein und setzt sich bewusst mit einer Dominanz heteronormativer Familienbilder auseinander.

Dilemma-Dialoge können einen wichtigen Beitrag zur (Selbst-)Verständigung im Team bilden und für die Problematik dominanter Wertvorstellungen sensibilisieren.

Dilemma-Dialoge

Dilemma-Dialoge dienen der Perspektiverweiterung und dem kollegialen Austausch. Die Teilnehmenden einer Teamfortbildung werden eingeladen, sich in eine Fallgeschichte einzudenken und sich dabei in die Perspektive der Hauptperson (die um einen Rat bittet) hineinzuversetzen. Dilemma-Geschichten enden immer mit einem Entweder-Oder und die Teilnehmenden werden aufgefordert, (für die Hauptperson) eine Entscheidung zu treffen. Diese können sie durch Positionierung im Raum ausdrücken. Der Raum ist hierzu durch eine Linie in zwei Hälften, einen „Ja"- und einen „Nein"-Raum, geteilt. Durch Nähe oder Ferne zur Mittellinie können die Teilnehmenden darstellen, wie eindeutig ihre Entscheidung ausfällt. Je entschiedener man ist, desto weiter entfernt von der Mittellinie positioniert man sich. Die Teilnehmenden können ihren Standort erläutern und sagen, warum sie stehen, wo sie stehen. Dabei formulieren sie Ich-Botschaften und beschreiben, was die Fallgeber*in bewegen könnte. Die in ihr „streitenden Stimmen" bzw. die „innere Debatte des Dilemmas" werden hörbar gemacht. Der Fokus liegt auf der Perspektiverweiterung, nicht darauf, die anderen von der eigenen Meinung zu überzeugen. Es geht vielmehr

METHODIK

darum zu entdecken: „Ach so, das hatte ich gar nicht bedacht, so kann man auch darüber nachdenken".

Die Teilnehmenden können auch mehrfach zu Wort kommen. Der*die Moderator*in sollte unbedingt darauf achten, dass der geführte Dialog dazu dient, die vielfältigen Gefühle und Bedürfnisse der in der Geschichte konstruierten (fiktiven) Hauptperson wahrzunehmen. Die Teilnehmenden können sich so selbst von der Möglichkeit ganz anderer Wahrnehmungen und Deutungen „überzeugen" und entsprechend eine allparteiliche Haltung entwickeln, die sie die jeweils andere Sichtweise nachvollziehen und verstehen lässt. Deswegen muss in der Moderation darauf geachtet werden, dass ein Verfestigen von Positionen verhindert und stattdessen die Vielfalt diverser Bedürfnisse erfahrbar wird.

(vgl. Kaletsch/Rech 2015: Heterogenität im Klassenzimmer.)

Dilemma-Beispiel „Geburtstagsrituale"

Erzieher Benjamin ist sich unsicher und weiß nicht so genau, was er tun soll. Heute ist Kims Geburtstag. Sie wird vier Jahre alt. In diesem Monat häufen sich die Geburtstage und es konnte schon drei Mal in der Gruppe gefeiert werden. Die Kinder mögen das sehr. Sie singen gemeinsam ein Lied, lassen das Geburtstagskind hochleben und dann darf das Geburtstagskind die Kekse, Muffins oder ähnliches, Kleinigkeiten, die die Eltern mitgeschickt haben, verteilen.

Kim aber hat nichts dabei. Da fällt Benjamin das Elterngespräch bei Kims Einführung ein. Kim, die erst vor einem dreiviertel Jahr in die Kita kam, kommt aus einer Familie, die traditionell keinen Geburtstag feiert. Benjamin will das natürlich respektieren. Gleichzeitig findet er es ein bisschen unfair, wenn es jetzt für Kim kein Geburtstags-Ritual gäbe. Er hat zufällig eine Tüte Fruchtbonbons dabei, die die Kinder lieben. Die könnte er Kim geben, damit sie sie verteilt und sie könnten Kims Geburtstag feiern, wie den der anderen Kinder. Aber damit würde er die Tradition der Eltern übergehen und Kim vielleicht in Schwierigkeiten bringen.

In der Auseinandersetzung mit dem Dilemma „Geburtstagsrituale" können Erzieher*innen verschiedene Aspekte ihrer Institutionenkultur sowie ihres Leitbildes reflektieren, sich über konkrete Erfahrungen austauschen und ihr Handlungsrepertoire erweitern. Dies funktioniert sowohl in teaminternen als auch in teamübergreifenden Fortbildungsveranstaltungen oder Praxisgruppen gut. Wichtig ist, dass die Auseinandersetzung in einer wertschätzenden Atmosphäre passiert und klar ist, dass es kein „Richtig und Falsch" im klassischen Sinne gibt. Die Förderung des Gleichheitsprinzips braucht Räume, in denen Alltagssituationen, aber auch Rituale, Regeln und Gewohnheiten diskriminierungskritisch betrachtet werden können. Die Prinzipien und die einzelnen Rechte der UN-Kinderrechtskonvention geben dabei einen guten Bezugs- und Orientierungsrahmen. Die Fallgeschichte „Geburtstagsrituale" führt in das Spannungsfeld zwischen familiären Bräuchen und Weltvorstellungen und den in den Abläufen der Kita dominanten Gepflogenheiten ein. Divergieren diese, können Dilemmata entstehen. Dabei können verschiedene Rechte und Prinzipien der Kinderrechte in Konflikt geraten.

In diesem Dilemma-Beispiel ist sowohl eine schutz- wie auch eine teilhaberechtliche Ebene berührt. Fragen der Ethik, der Bräuche und Überzeugungen berühren das Recht auf freie Entfaltung und Selbstbestimmtheit. Eingriffe in dieses Recht wiegen besonders schwer. In den meisten Kita-Konzepten wird daher dem Kennenlernen der familiären Gepflogenheiten viel Aufmerksamkeit gewidmet und nach Wegen gesucht, diese zu würdigen. Dies entspricht auch der Kinderrechtskonvention, die dem Recht der Eltern, mit ihren Kindern Glaubens- und Wertvorstellungen zu teilen und sie im Sinne ihrer Vorstellungen bei ihrer Entwicklung zu begleiten, große Bedeutung zumisst. Rechtsträger*in der Gedanken-, Gewissens- und Religionsfreiheit in Artikel 14 der Kinderrechtskonvention ist das Kind selbst. Sein Wohl und die Förderung seiner Entwicklung steht im Zentrum kinderrechtsbasierter Überlegungen. Sein Recht auf Informations- und Meinungsfreiheit, sowie das Recht auf Teilhabe ist in dem Dilemma „Geburtstagsrituale" berührt.

Das Recht auf Partizipation des Kindes ist bei der Auseinandersetzung mit dem Dilemma für viele Teilnehmende oft auch handlungsleitend. „Klären, was Kim selbst will", lautet häufig eine Anregung für den Erzieher in der Fallgeschichte. Die Frage, die sich dabei stellt ist natürlich, ob Kim in der Lage ist, dieses Dilemma zu tragen und eine freie, sie nicht belastende Entscheidung treffen zu können. Gelingt es den Erwachsenen, einen selbstverständlichen und sich gegenseitig respektierenden Umgang mit Unterschieden zu entwickeln, können sie Kinder stärken. Darin, eine eigenständige Haltung zu entwickeln und wirklich selbst zu bestimmen: Wollen sie – um nun im Beispiel von Kim zu bleiben – lieber auch in der Kita auf ein Geburtstagsritual verzichten, weil dies Teil ihrer Überzeugung ist, nach der sie leben und für die sie respektiert werden möchten? Oder möchten sie bewusst zwischen den zwei Orten Familie und Kita unterscheiden und an den von einem Großteil der Gruppe geteilten Ritualen teilhaben?

Kinder haben sehr gute Antennen und spüren Zwischentöne. Daher empfiehlt es sich, wiederkehrend im Team zu reflektieren, wie selbstverständlich unterschiedliche (religiöse) Vorstellungen gelebt und gewürdigt werden können. Es ist wichtig, sich nicht vor der Erkenntnis zu verschließen, dass in der säkularen demokratischen Gesellschaft eine Vielzahl christlicher Rituale die Abläufe in der Jahresplanung dominieren. Fehlt eine achtsame Auseinandersetzung damit, kann es passieren, dass andere Religionen unsichtbar gemacht werden oder der Eindruck entsteht, dass sie weniger bedeutsam zu seien. Insbesondere jüdische Identitäten bleiben oft unberücksichtigt, was wiederum das Wahr- und Ernstnehmen von Antisemitismus erschwert. Erfahrungsgemäß erhöht ein gleichermaßen selbstverständlicher wie diskriminierungskritischer Umgang mit Heterogenität die Handlungsfähigkeit, wenn es zu Anfeindungen, rassistischen Übergriffen oder Ähnlichem kommt.

„Wenn ich mir das genau überlege, dann feiern wir hier immer Ostern und Weihnachten, obwohl den wenigsten Familien der Kinder, die unsere Kita besuchen, das wichtig ist", bemerkt eine Erzieherin im Rahmen einer Teamberatung. Es ging hierin um die Aufarbeitung eines Übergriffs auf eine Mutter, die auf dem Weg zur Kita Opfer antimuslimisch rassistischer Anfeindungen wurde. Im Mittelpunkt steht die Frage, wie man der durch den Angriff entstandenen Verunsicherung vieler Eltern gut begegnen kann. Dabei wird deutlich, wie wichtig es ist, Diskriminierungsgeschehen wahr- und ernst zu nehmen sowie Angebote zur Teilhabe in der Kita und darüber hinaus im Stadtteil stärker sichtbar zu machen. Die Erzieher*innen bemerken, dass sie „bisher vielleicht einfach zu wenig mitbekommen haben und die Eltern sich auch nicht genügend eingeladen gefühlt haben, mit uns ihre Erfahrungen und Einschätzungen zu teilen". Das sollte sich im Anschluss an die Aufarbeitung des Vorfalls in der Kita ändern. An diesem Beispiel zeigt sich, dass Kita und Hort gute Ausgangspunkte für diskriminierungskritische Impulse in den Stadtteil hinein sein und damit in Kooperationen mit Grundschulen und Vereinen eine demokratische Kultur stärken können.

Schutz

Schutz

In unterschiedlichen Kleidergrößen, auf jedem ein individueller Handabdruck in roter Fingerfarbe und der Name des*der Gestalter*in das Kunstwerk kennzeichnend – so hängen die sieben T-Shirts der sieben Vierjährigen für Jeden sichtbar auf einer quer durch den Raum gespannten Leine. Sie sind das Ergebnis einer umfassenden Auseinandersetzung mit Artikel 19 der UN-KRK – dem Recht sicher und ohne Gewalt aufzuwachsen. Kindgerecht, altersangemessen und damit subjektorientiert gelingt hier in einer Hanauer Kita der Einstieg in ein sehr wichtiges, aber Kinder leicht überwältigendes Thema. Es geht um die Vermittlung der Wahrung von Grenzen, der Achtung der körperlichen und seelischen Unversehrtheit und der Selbstbestimmtheit – und dies ganz praktisch und die Entwicklung der Kinder achtend. Ganz konkret auf den Alltag der Kinder heruntergebrochen.

Art 19 KRK: Die Vertragsstaaten treffen alle geeigneten Gesetzgebungs-, Verwaltungs-, Sozial- und Bildungsmaßnahmen, um das Kind vor jeder Form körperlicher oder geistiger Gewaltanwendung, Schadenszufügung oder Misshandlung, vor Verwahrlosung oder Vernachlässigung, vor schlechter Behandlung oder Ausbeutung einschließlich des sexuellen Missbrauchs zu schützen [...].

Die Kinder werden behutsam an die schutzrechtliche Dimension der Kinderrechte herangeführt: Alle Sinne einbeziehend, stärkend, die Ressourcen *aller* wahrnehmend und fördernd. Mit kleinen, spielerischen Übungen konnten die Kinder erfahren, was es bedeutet, die eigenen Grenzen und die der anderen wahrzunehmen, sich selbst zu behaupten und Achtsamkeit zu entwickeln.

Das Angebot kam aus gegebenem Anlass: Ältere Kinder hatten die Grenzen der Jüngeren nicht immer geachtet/achten können und damit deren Recht auf Selbstbestimmtheit verletzt. In cross-age-Situationen wurden Kinder von anderen ungefragt auf Schaukeln gehoben, geherzt, getragen oder zur Seite gesetzt. Diese Grenzverletzungen geschehen immer wieder im Kita-Alltag und werden von den älteren Kindern sicher nicht in der Absicht der Verletzung anderer Kinder ausgeführt. Es ist den Kindern oft gar nicht bewusst, dass sie damit die Rechte der anderen verletzen können. Häufig kopieren sie auch erwachsene Rollenvorbilder, wenn sie die Kleineren beherzt hochheben, wegtragen oder in den Arm nehmen. Spielerische Angebote, in denen die Kinder die Relevanz der Schutz-Rechte erfahren, konnten in unserer Beispiel-Kita eine nachhaltige Auseinandersetzung mit den Umgangsformen beim gemeinsamen Spiel einleiten und den älteren Kindern vermitteln, die Grenzen der jüngeren zu achten. Gleichzeitig wurden alle Kinder darin bestärkt, die eigenen Grenzen wahrzunehmen und zu behaupten.

Dabei sind zwei Kinderrechte ganz konkret berührt: das Recht auf Privatautonomie/Selbstbestimmtheit und das Recht auf körperliche und seelische Unversehrtheit. Zweiteres zeigt sich noch deutlicher, wenn die Kinder nicht nur in guter Absicht andere in den Arm nehmen oder hochheben, sondern natürlich auch dann, wenn sie im Streit andere schubsen, anschreien, hauen, kratzen oder andere Dinge tun, die den anderen verletzen können.

Bastel-, Spiel- und Erzählangebote helfen, eine kindgerechte Auseinandersetzung zu vertiefen, in denen die Kinder etwas über ihre Rechte und die aller Kinder der Welt erfahren, sowie ausprobieren, was diese im Alltag miteinander bedeuten können. „Jeder hat das Recht, sich wohl, glücklich und sicher zu fühlen ...“; „Keiner darf dir weh tun!“ und „falls dies mal passiert, kannst du jederzeit mit uns oder anderen Erwachsenen darüber sprechen. Die Erwachsenen helfen den Kindern einen Weg zu finden, damit sie gut miteinander auskommen können. Sie unterstützen die Kinder darin, Dinge, die schlecht laufen zu stoppen. Kinder dürfen und sollen sich jederzeit, wenn sie es nicht alleine schaffen, Hilfe und Rat holen können.“ Mit diesen oder ähnlichen Worten können die Erzieher*innen den Kindern die Bedeutung der Rechte erklären. Das Verwenden eindeutiger Symbole oder Illustrationen (wie z. B. im Projekt „Kleine Worte – Große Wirkung!“ entwickelt) hilft allen, konkretes Wissen über die Kinderrechte zu erlangen. Wichtig dabei ist, dass die Erzieher*innen als Begleiter*innen des Bildungsprozesses die Kinderrechte wiederkehrend explizit und so konkret wie möglich benennen.

Formulierungshilfe zum „Recht auf gewaltfreies Aufwachsen“:

- **Du hast das Recht, sicher und gut zu leben.**
- **Du hast das Recht, ohne Gewalt aufzuwachsen.**
- **Wenn Dir oder anderen Kindern etwas Schlimmes passiert, müssen Erwachsene helfen.**

(Makista 2019, S. 104)

Soll das Kinderrecht auf Schutz (vor Gewalt) thematisiert werden, ist es wichtig, es angemessen und die Kinder nicht überfordernd einzuführen. Dabei bestehen verschiedene Herausforderungen, die im Blick gehalten werden müssen: Folgt man der Spur, dass das Thema so niedrigschwellig wie möglich eingeführt werden soll, empfiehlt es sich, die Auseinandersetzung mit Grenzverletzungen der Kinder untereinander in den Mittelpunkt zu stellen. Es ist wichtig, praktisch und hilfreich, wenn die Kinder lernen, im Umgang miteinander Grenzen wahrzunehmen und zu achten. Nähert man sich so dem Thema, entsteht allerdings die Schwierigkeit, dass das Verständnis für die Unterschiede zwischen Konflikten und Gewalt leicht verwischt werden und Auseinandersetzungen zwischen den Kindern leicht mit zu starken, bewertenden Begriffen belegt werden. Es empfiehlt sich, unbedingt im Blick zu behalten, dass es sich bei körperlichen Auseinandersetzungen zwischen Kindern selten um Fälle von Gewalt handelt. Zumeist geht es dabei um ein konflikthaftes Geschehen. Den Kindern fehlen häufig zunächst Strategien konstruktiver, partizipativer Konfliktlösung und sie brauchen Unterstützung bei der Klärung konkreter Probleme und Angebote. Sie müssen die Gelegenheit haben, konstruktive Lösungsstrategien kennen zu lernen.

Geeignet, um die beiden Themenfelder „Förderung der eigenständigen Konfliktklärung“ und „Stärkung des Bewusstseins für das Recht auf Schutz und körperliche Unversehrtheit“ zu öffnen sind: Übungen, die die Wahrung der Intimsphäre und Selbstbestimmtheit fördern. Außerdem braucht es Gelegenheitsräume, in denen die Kinder ausprobieren können, beherzt Stopp-Signale zu senden und zu erleben, dass diese auch geachtet werden. Begleiter*innen, die zu den Kinderrechten mit den Kindern arbeiten möchten, sollten die Verschränkung der beiden Prinzipien (Partizipation und Schutz) im Blick behalten, wenn sie Angebote zum Recht auf Schutz konzipieren.

Stopp-Spiel-Übungen können im Themenfeld Recht auf Schutz grundlegend verdeutlichen, dass alle Kinder überall und jederzeit das Recht auf Schutz, Sicherheit und Geborgenheit haben. Niemand – weder ein Kind, noch ein Erwachsener – darf Kinder anschreien, schubsen oder ihnen in anderer Art weh tun. Geschieht dies doch, können und sollten Kinder sich an Erwachsene ihres Vertrauens wenden, die ihre Sorgen ernst nehmen und ihnen helfen können (es ist wichtig im Team zu klären, wer Ansprechpartner*in sein könnte und wo weitere professionelle Hilfen sind, mit denen die Kita kooperiert.)

ANREGUNG ZUR REFLEXION

Um eine Verknüpfung von Alltagssituationen mit den Kinderrechten in Gang zu setzen und gleichzeitig die eigene Haltung zu reflektieren, kann mit einem Notizbuch gearbeitet werden. Ein solches Buch führen alle in der Kita Beschäftigten mit sich und notieren stichwortartig immer wieder Eindrücke, Situationen, Ideen oder Erfahrungen, die ein oder mehrere Kinderrechte betreffen – als Erinnerungsstütze, nicht als ausführliche Dokumentation.

(Makista 2019, S. 104)

Diese allgemeinen Erläuterungen können absolut ausreichend sein, um Kindern die gesamte Dimension des Rechts auf Schutz und Gewaltfreiheit zu vermitteln. Die Kita-Teams sollten darauf vorbereitet sein, dass manche Kinder (aus verschiedenen Gründen) ein größeres Interesse und/oder einen größeren Bedarf an dem Thema haben. Bilderbücher, in denen Themen wie Gewalt in der Familie, Krieg, Formen sexualisierter Gewalt und Übergriffe kindgerecht thematisiert werden, sollten vorhanden sein. Im Bedarfsfall können Kinder (ggf. in Begleitung) sich damit weiter beschäftigen. Wichtig ist, dass dies ein Angebot sein sollte, zu dem die Kinder sich individuell und selbstbestimmt entscheiden können.

KINDERBUCH-TIPP

Das Bilderbuch „Klein" von Stina Wirsén beschäftigt sich auf einfühlsame Weise mit dem Thema „Häusliche Gewalt". Entscheidend und hilfreich für alle Kinder ist der Schluss der Geschichte: dass es Hilfe gibt und dass auch andere Kinder ähnliches erleben.

Um Kinder in ihrem Bewusstsein auf das Recht auf Schutz zu stärken, ist es wichtig, dass sich ihnen bei der Thematisierung von Verletzungen und Gewalt vermittelt: „in der Kita sind verlässliche Ansprechpartner*innen, hier gibt es jemanden, an den ich mich wenden kann, wenn ich Probleme habe, Gewalt erlebe, unglücklich bin". Den Kindern muss sich vermitteln, die Erwachsenen kommen mit dem Thema klar, die bleiben gelassen, rennen nicht geschockt weg, haben so etwas schon einmal gehört. Dies ist besonders wichtig, wenn Kinder schweren Übergriffen ausgesetzt sind, die durch Tabuisierung grundsätzlich schwer anzusprechen sind.

HINTERGRÜNDE

Traumasensible Herangehensweise in der pädagogischen Arbeit

Manche Kinder haben bereits schwierige Erfahrungen machen müssen und potentiell traumatisierende Ereignisse erlebt (oder erleben sie gerade). All diese Situationen bergen die Gefahr der Traumatisierung. In ihnen wird das Empfinden von Sicherheit und Schutz in Frage gestellt. eine Erinnerung an ein traumatisierendes Geschehen kann ganz unvermittelt auftauchen und die Betroffenen und die sie begleitenden Personen überraschen, z. B. durch das Lesen einer Geschichte. Es ist grundlegend hilfreich, wenn Erzieher*innen von einem entsprechenden Unterstützer*innen-System wissen und Angebote professioneller Hilfe kennen. Sie müssen nicht selbst das traumatische Erleben bearbeiten (können). Zentral und wichtig ist es, dem von der retraumatisierenden Wirkung betroffenen Kind Halt, Sicherheit und ein schnelles „sich wieder im Hier und Jetzt fühlen können" anzubieten. Wichtig ist es, das Erleben zu beenden und nicht durch Nachfragen es weiter zu beleben. Es hilft dem Kind, sich

> **zu stabilisieren, wenn der*die Erzieher*in verdeutlicht, dass das Kind gerade etwas ganz Schlimmes erinnert hat, dass das aber jetzt vorbei ist.**
>
> *(Kaletsch in: Makista 2019, S. 139 ff.)*

Gewalt und gewaltförmiges Geschehen sollte nicht im Mittelpunkt stehen, wenn die Kinder sich mit den Schutz-Rechten beschäftigen. Im Zentrum steht das Empowerment der Kinder. Bevor in das Thema Recht auf Schutz eingestiegen wird, sollte Klarheit (im Team) bestehen, dass eine tiefere Beschäftigung mit Gewalt jederzeit möglich sein sollte.

Zur Verschränkung der Prinzipien Schutz, Partizipation und Förderung passt ein weiteres Beispiel aus dem Projekt zum Recht auf Schutz aus der bereits erwähnten Modell-Kita in Hanau: Im Rahmen des Projekts zum Recht auf körperliche und seelische Unversehrtheit entdeckten die Kinder, dass Menschen manchmal einfach schlechte Laune und miese Stimmung bekommen können, wütend sind und Dampf ablassen müssen. Allen Kindern (und auch Erwachsenen) kann so etwas geschehen. Auf Grundlage dieses Erlebens suchten die Kinder gemeinsam nach Handlungsoptionen. Sie gingen der Frage nach: „Was könnten wir tun, damit diejenigen, die wütend sind, ihr Gefühl ernstnehmen und damit so umgehen können, dass sie wiederum die anderen nicht verletzen?".

In der gemeinsamen Lösungsfindung kam das Prinzip der Partizipation stark zum Tragen, denn die Kinder wurden um ihre Expertise, um ihre Ideen gebeten. Die Gruppe sucht nach „Wir-Lösungen für ein Wir-Problem." Mit dem konkreten Ergebnis: es braucht etwas, was man werfen kann, damit die Wut-Energie sich Luft verschaffen und rauskommen kann. Die Kinder entwickelten die Idee, dass es weiche Gegenstände geben müsste, die man richtig kräftig durch die Gegend werfen kann, so lange bis die Wut rausgekommen ist und die betreffende Person sich wieder besser fühlt. Gemeinsam nähten sie Wutkissen. Als die fertig waren, kamen sie im Bedarfsfall zum Einsatz, woraufhin ein neues Problem entstand: der Raum, in dem die Kissen geworfen werden durften, war nicht näher definiert. So konnte es passieren, dass wütende Kinder Wutkissen warfen und die in Spielecken flogen und dabei kostbare Burgen zerstörten oder aus anderen Gründen die anderen Kinder in ihrem Tun störten. Wieder wurde ein Gruppenrat einberufen und die Kinder, um ihre Ideen gefragt. Erneut wurde gemeinsam für das „Wir-Problem" nach einer „Wir-Lösung" gesucht.

Die Kinder stellten fest, dass sie einen klar definierten Raum brauchen, in den die wütenden Menschen sich zurückziehen und die Wutkissen werfen können, ohne dass dabei wiederum die Privatautonomie der anderen verletzt wird. Die Kinder bauten sich mit Hilfe der Erzieher*in eine Tobe-Ecke. Diese – so vereinbarten sie als Regel – darf jedes Kind aufsuchen, wenn es sich danach fühlt, durch das Werfen der „Wut-Kissen" Dampf abzulassen. Das von den Kindern selbst entwickelte Konzept wurde von der Gruppe gut angenommen und hat allen geholfen, dass das Recht auf körperliche und seelische Unversehrtheit besser gewahrt werden konnte. In der wöchentlichen Reflexion des Alltagsgeschehens auf der Folie der Kinderrechte (dem Kinderrecht des Monats/der Woche) wurde eine positive Entwicklung festgestellt.

Der skizzierte Weg der Auseinandersetzung mit dem Recht auf Schutz verdeutlicht zentrale Aspekte der Kinder- und Menschenrechtsbildung: die Kinder erlangen ein konkretes Wissen über die Kinderrechte. Sie erfahren explizit und wiederkehrend, dass alle Kinder ein Recht auf körperliche und seelische Unversehrtheit haben. Sie erleben, dass dieses Recht auch im Kita-Alltag geachtet wird.

Bei der Entwicklung von Handlungsoptionen für die Durchsetzung einer friedvollen, gewaltfreien Atmosphäre in der Kita werden die Kinder beteiligt. Es kommt auf ihre Wahrnehmung und ihre Lösungskompetenz an. Sie werden als Expert*innen ihrer Lebensumstände adressiert und können sich in ihrer Expert*innenschaft für die Entwicklung einer kinderfreundlichen/kindgerechten Lösungsfindung erleben. Dadurch wird dem in Artikel 3 formulierten Anliegen entsprochen, sich immer an „the best interest oft he child" zu orientieren, das alle Kinderrechte überwölbt. Die Beteiligung der Kinder bei der Lösungsfindung ermöglicht ihnen, sich als im Sinne der Kinderrechte Handelnde zu erleben. Der Lösungsweg lädt die Kinder ein, konkret zu erleben, was es bedeutet, sich für die Kinderrechte einzusetzen und selbst im Sinne der Kinderrechte handeln zu können. Sie werden in ihrem Recht auf Beteiligung gesehen und dabei unterstützt, Verantwortung zu übernehmen. So kommen in dieser konkreten Auseinandersetzung mit der Durchsetzung des Rechts auf Schutz im Kita-Alltag die Prinzipien Partizipation und Förderung gleichermaßen zum Tragen. Kinderrechtsbewusste Pädagogik nimmt diese Verschränkung der Prinzipien bewusst wahr und nimmt die Kinder mit, zu begreifen, dass die Rechte aufeinander bezogen und damit unteilbar sind.

Wenn der*die Erzieher*in in einem nächsten Schritt, sich selbst und sein*ihr Verhalten auf der Folie der Kinderrechte reflektiert und die Kinder dabei mitnimmt, stärkt er*sie das Erleben der Kinder, im Sinne der Kinderrechte in der Kita behandelt und gefördert zu werden. Die Erzieherin berichtet, dass sie an einem Tag selbst unter schlechter Laune litt und die Kinder fragte, ob sie vielleicht auch mal die Tobe-Ecke mit den Wut-Kissen besuchen dürfe. Die Kinder erlaubten es ihr – freilich nicht, ohne sie nochmal auf die für die Tobe-Ecke vereinbarten Regeln, zu erinnern. Einige Zeit nachdem die Erzieherin selbst darum gebeten hatte, die Tobe-Ecke besuchen zu dürfen, kam es zu einer weiteren sehr interessanten Situation: Einige Kinder kamen auf die Erzieherin zu und rieten ihr zu einer Auszeit. Sie hatten scheinbar das Gefühl, dass die Erzieherin ein bisschen gestresst und nicht so freundlich wie sonst agierte. Mit den Worten „Du musst mal in die Tobe-Ecke" machten sie sie darauf aufmerksam. Die Erzieherin bedankt sich bei den Kindern für ihre Rückmeldung, entschuldigt sich, wenn sie gereizt reagiert und dadurch Kinder verletzt/erschreckt hat und zeigt, dass sie die Kinder und ihr Anliegen ernst nimmt.

In dieser ganz kleinen Alltagssituation lässt sich die gesamte Dimension einer kinderrechtsorientierten Institutionenentwicklung erspüren: Die Kinder erleben, dass sie sich für ihr Recht auf Unversehrtheit einsetzen und ihre Meinung einbringen können und dass sie in ihrer Wahrnehmung geachtet werden. Sie erleben ein Aufwachsen im Sinne der Kinderrechte. Dies kann gelingen, wenn die Erzieher*innen bereit sind, sich und ihr Verhalten in Bezug zu den Kinderrechte zu setzen und Alltagssituationen entsprechend zu reflektieren. Dadurch kann eine kinderrechtsbewusste Haltung entstehen, die allen Beteiligten Sicherheit vermitteln kann. Auch –oder insbesondere – dann, wenn einzelne Rechte in Konflikt geraten können oder unterschiedliche Vorstellungen oder Erwartungen an eine kindgerechte Pädagogik etc. entstehen.

Wenn Rechte in Konflikt geraten

Nicht nur die unterschiedlichen Vorstellungen, pädagogischen Einschätzungen und Erziehungsstile können divergieren, auch einzelne Rechtsbereiche und Prinzipien können in Konflikt geraten. Insbesondere die dem Prinzip der Förderung und Partizipation innewohnenden Aspekte des Erforschens, des Ausprobierens und der Informationsbeschaffung können in Konflikte mit schutzrechtlichen Aspekten geraten. Durch eine gewagte Kletteraktion kann es beispielsweise zu Stürzen und damit zu Verletzungen kommen. Durch (Medien)-Bilder können emotionale Überforderungen und seelische Verletzungen entstehen. Am besten ist es immer, konkrete Situationen in konkreten Kontexten zu betrachten und dabei zu überlegen, welche Rechte berührt, welche Rechte wichtig sind und welche Rechte – je nachdem welcher Handlungsoption man mehr zugeneigt ist – Gefahr laufen, verletzt zu werden. Diese Entscheidungen sind oft nicht leicht und Menschen, die sich über solche Fragestellungen Gedanken machen und eine Entscheidung treffen müssen, können dies als ein Dilemma empfinden. In pädagogischen Räumen kann man sich dies zu Nutze machen und, typische Dilemmata antizipierend, sich präventiv dazu austauschen, um dabei über das einzelne, theoretische Fallbeispiel hinausgehende Erkenntnisse zu gewinnen. Dilemma-Dialoge (zur Erläuterung der Methode s. Kasten auf S. ?????) helfen, sich über unterschiedliche Vorstellungen konstruktiv auszutauschen. Sie sind daher sehr gut geeignet, Aushandlungsprozesse zu Leitlinien des Alltagshandelns zu begleiten. Sie können aber auch Menschen mit/in unterschiedlichen Rollen ganz leicht, fast spielerisch ins Gespräch bringen.

„Ich mag Ihnen das hier grad nochmal erläutern", ergreift beispielsweise eine Erzieher*in an einem Informationsnachmittag für Erziehungsberechtigte zu den Kinderrechten das Wort: „manchmal ist es ja so, dass ein Kind sich einfach nicht umziehen möchte, obwohl wir versucht haben, ihm nahezulegen die Wechselwäsche zu nutzen, da die Hose beim Spielen feucht und sehr dreckig geworden ist. Aber wenn das Kind das nicht möchte, dann achten wir das. Es wäre ein zu starker Eingriff in das Recht des Kindes (seine Selbstbestimmtheit, seine Privatsphäre, vielleicht sogar seiner Unversehrtheit), wenn wir es zwingen und umziehen würden." Die Mütter und Väter hören interessiert zu und verstehen dies Vorgehen sehr. Mit Bezug auf die Kinderrechte können sie sehr gut nachvollziehen, warum diese Entscheidung zum Wohl ihres Kindes getroffen wird. Dass sie den Kinderrechten entspricht und nichts damit zu tun hat, dass die Erzieher*in

„keine Lust auf Stress mit dem Kind" hat. In diesen Zusammenhang fällt auch die Auseinandersetzung um die Frage, ob Kinder, die ohne Regenjacke draußen spielen möchten, dies tun dürfen, oder ob die Erzieher*innen die Kinder dazu veranlassen, sich entsprechend anzuziehen usw.

Ausgangspunkt dieses Verständigungsprozesses war die Dilemma-Geschichte „Klettern im Baum", in dem die Frage der Kleidung und des Umkleidens ein (vielleicht fast ein Neben-) Aspekt ist. Im Mittelpunkt steht die Frage, ob dem Recht auf Entwicklung und Förderung das größere Gewicht gegeben werden kann und soll oder ob (und wenn ja wann) das Recht auf körperliche Unversehrtheit vorrangig zu behandeln ist.

Klettern im Baum

Erzieherin Kati weiß nicht, ob sie da schnell mal einspringen und die drei Kinder aus dem Baum rausholen soll ... Eigentlich findet sie es super, wie Anna, Yussuf und Kosta zusammen spielen und gemeinsam die Welt entdecken. Mit Anna blüht Yussuf, der vor drei Jahren aus Syrien geflohen in Deutschland angekommen ist, richtig auf. Anna und Yussuf haben eine sehr gute Körperkoordination, viel Kraft, aber auch eine Weitsicht, die sie Herausforderungen gut einschätzen lässt. Kati weiß, den beiden wird nichts passieren. Sie freut sich auch, dass die beiden fünfjährigen den vierjährigen Kosta in ihr Spiel mit einbezogen haben. Kosta ist sehr redegewandt, schaut gerne Bücher an, ist aber draußen eher ängstlich. Am liebsten würde Kati alles so laufen lassen und den Kindern, auch Kosta, Raum lassen, um Erfahrungen zu machen. Sie fürchtet aber, dass Kosta sich überschätzen, fallen und sich ein bisschen weh tun könnte. Ihre Sorge ist, dass Kostas Eltern ihr und vor allem auch Kosta Vorwürfe machen würden und mit ihm schimpfen, dass er nicht aufgepasst, seine Kleidung schmutzig oder gar kaputt gemacht habe.

Was soll Kati tun, es laufen lassen oder einen Weg suchen, die Kinder zu stoppen?

In Fortbildungssettings mit Kita-Teams kann die oben beschriebene Dilemma-Geschichte Räume öffnen, um sich über unterschiedliche Empfindungen, Schutzkonzepte und schwierige Momente auszutauschen.

Neben dem Recht auf körperliche und seelische Unversehrtheit, haben auch die Wahrung der Privatsphäre und die Förderung der Privatautonomie/Selbstbestimmtheit eine schutzrechtliche Dimension. Hier werden absolute Rechte beschrieben. Absolute Rechte meint: Rechte, in die nicht eingegriffen werden darf. Wenn dies doch geschieht, gilt es, dies als das zu sehen, was es ist: eine Verletzung der Kinderrechte.

Konkret heißt das: das Recht auf Rückzugsorte, Orte, in denen Menschen (auch Kinder) ganz private Dinge aufbewahren und in die nur mit Erlaubnis dieser hineingeschaut werden darf.

KINDERBUCH-TIPP

Das 2018 erschiene Pixi-Bilderbuch von Corinna Fuchs „Stopp, Privat" macht das Thema auf eine gleichermaßen plastische wie humorvolle Weise deutlich und bietet sehr gute Anknüpfungspunkte, das Thema Wahrung der Privat- bzw. Intimsphäre beschämungsfrei auch mit Erzieher*innen und Erziehungsberechtigten zu wahren. Gleichzeitig lädt es dazu ein, Kinder über ihre Rechte zu informieren und sie in ihrem dafür Eintreten-Können zu stärken.

Es stärkt Kinder, wenn sie an konkreten Beispielen von ihren Rechten erfahren. Neben einer Sensibilisierung für die Problematik des Eingriffs in private Taschen, Schubladen, Kästchen oder Ähnlichem ist auch die Achtung der Privatsphäre beim Eintreten in Räume – insbesondere in Momenten des Sich Um- und Anziehens – wichtig. In gemeinsamen Informationsabenden zu den Kinderrechten konnte ein sehr wertschätzender Austausch zwischen Erzieher*innen und Erziehungsberechtigten bei der Frage der Begleitung in körperhygienischen Dingen: Begleitung von Toilettenbesuchen, Windeln wechseln etc. stattfinden. Hier kann es sehr erleichternd für die Erziehungsberechtigten sein, zu erfahren, dass die Kita ein entsprechendes Konzept entwickelt hat, in dem die Wahrung der Intimsphäre in pflegenden Momenten große Aufmerksamkeit erfährt.

Partizipation

Partizipation

„Ich freue mich sehr, wenn die Kinder sich als Bewohner*innen des Stadtteils erleben können", berichtet die Kitaleiterin und erläutert dies an einem Beispiel: Wenn die Kinder in der Bäckerei erleben, dass sie mit den Worten empfangen werden: „Ah – da sind ja die Kinder aus der Kita nebenan", dann können sie sich gleichermaßen selbstbestimmt wie geschützt ganz frei im Wohnviertel bewegen. Die Kita wird so zu einem Teil des Gemeinwesens, in denen sich verschiedene Akteure der Aufgabe widmen, das Aufwachsen der jüngsten Bewohner*innen aufmerksam und stärkend zu begleiten. In so einer Atmosphäre überrascht es dann auch nicht mehr so sehr, dass ein*e Zweijährige*r vormittags das Büro der Kitaleitung, in der die Kasse verwaltet wird, aufsucht und ganz selbstverständlich um Geld bittet, um gemeinsam mit einem Vierjährigen das Brot für die große Frühstücksrunde holen zu können.

Mitbestimmung und Verantwortungsübernahme sind zwei wesentliche, im günstigen Fall einander bedingende, Elemente von Partizipation. Gelegenheitsräume, in denen Kinder sich entsprechend erleben und entwickeln können, finden sich im Alltag zahlreich und vielfältig. Pädagogische Einrichtungen, in denen Kinder verschiedenen Alters, mit unterschiedlichen Ressourcen und Fähigkeiten zusammenkommen, bieten sehr gute Ausgangsbedingungen, in denen das Voneinander lernen können (peer education) ganz unkompliziert gefördert werden kann. Dazu bedarf es eines offenen Konzepts, in dem Möglichkeiten bestehen, sich in altersgemischten Zusammensetzungen zu begegnen und gemeinsam Dinge zu entdecken, Aufgaben zu übernehmen und sich die Welt zu erschließen.

„Coach plays beside the line" – die Bedeutung der Lernbegleitung

Wenn Kinder gemeinsam und möglichst selbstbestimmt Orte erkunden, Sachen erfinden, Probleme kennen lernen und dafür Lösungen finden wollen, brauchen sie erwachsene Begleiter*innen, die das Tun der Kinder aufmerksam – und mit einer großen Fehlerfreundlichkeit – begleiten. Kinder sollten so viel wie möglich selbst in die Hand nehmen können und dabei auch Unbekanntem und Herausforderndem begegnen. Die sie dabei unterstützenden Pädagog*innen sollten einen Rahmen bieten, an dem die Kinder wachsen können. Der aus den Prüfsteinen der Kinder- und Jugendpartizipation bekannte Aspekt der Problematik von

Über- und Unterforderung kann dabei einen wichtigen Hinweis geben und davor schützen, dass Vorhaben als „Alibi"-Projekte scheitern. Dazu gehört auch eine Sensibilität für die unterschiedlichen Zugänge und Aneignungswege, die die pädagogische Begleitung im Blick behalten muss, damit wirklich alle Kinder teilhaben und sich mit ihrer Meinung, ihren Bedürfnissen, Wünschen und Ideen einbringen können (vgl. DKHW 1997, S. 22 ff.).

Ein an Partizipation und Kinderrechten orientiertes Vorgehen bedeutet keineswegs, dass „Kinder einfach den ganzen Tag tun und lassen können was sie wollen" (wie manchmal salopp formuliert wird) und damit den ganzen Tag einfach auf sich gestellt sind. Die subjektorientierte, kindgerechte Gestaltung der Lern-, Spiel- und Erholungsräume bedarf eines durchdachten Konzepts, in dem Beobachtungen und Erfahrungen wiederkehrend reflektiert und – darauf aufbauend – neue Impulse und Anregungen entwickelt werden können.

Partizipation und Förderung zusammendenken

„Das Kind muss nicht erst Mensch werden, es ist schon einer", formulierte Janusz Korczak bereits 1921 und betonte damit den Subjektstatus des Kindes, dem die Kinderrechtskonvention klar Ausdruck verleiht. Kinder sind Menschenrechtsträger, dies ist gleichermaßen selbstverständlich wie immer wieder wichtig hervorzuheben. Gleichzeitig – und darauf hat Jörg Maywald an verschiedenen Stellen sehr eindrücklich hingewiesen – sind Kinder Menschen in einer ganz besonderen Lebensphase: in der Phase der Entwicklung (vgl. Maywald 2016, S. 15 ff.). Damit diese sich gut entfalten kann, ist es hilfreich, die in der Kinderrechtskonvention formulierten Prinzipien immer gleichermaßen zu berücksichtigen und sie in ihrer Aufeinanderbezogenheit wahrzunehmen. Insbesondere im Kontext frühkindlicher Bildung empfiehlt es sich, Partizipation und Förderung zusammenzudenken. Konkret heißt das: Aufgaben zu entwickeln, an denen Kinder wachsen können und die ihren Interessen entsprechen; ihr Handeln beobachten und sie mit weiteren neuen Angeboten in ihrer Entwicklung zu unterstützen.

Wer sich einbringen und mitentscheiden können möchte, muss die Erfahrung machen können, eine Wahl zu haben, sich für etwas entscheiden zu können und in der Wahl respektiert und geachtet zu werden. Dies können ganz einfache

Dinge sein, wie die Wahl zwischen zwei verschiedenen Saftsorten oder eines Spiels, eines Bastelangebots. Dabei muss sich u. a. auch die Fähigkeit entwickeln, eine getroffene Entscheidung und die daraus resultierenden Konsequenzen übersehen oder zumindest diese, wenn sie sich als doch nicht so günstig erweisen, aushalten zu können.

KINDERRECHT/ ARTIKEL KRK

Art. 12 KRK: Die Vertragsstaaten sichern dem Kind, [...] das Recht zu, seine Meinung in allen das Kind berührenden Angelegenheiten frei zu äußern, und berücksichtigen die Meinung des Kindes angemessen und entsprechend seinem Alter und seiner Reife.

Nicht nur für sich, sondern auch für andere Verantwortung zu übernehmen und eine Entscheidung zu treffen, stellt eine weitere, größere Herausforderung dar. Kinder wachsen, wenn sie in viele kleine und auch größere Entscheidungen miteinbezogen und ihre Meinung und ihre Ideen – entsprechend ihres Entwicklungsstands – berücksichtigt werden. Gelingt dies nicht, sind die Ideen der Kinder nicht zielführend oder der Fragestellung nicht angemessen, dann liegt das nicht an den Kindern, die entsprechende Fähigkeiten vermissen lassen, sondern an der Fragestellung und ihrer Aufbereitung, die den Kompetenzen der Kinder nicht angemessen waren. Es empfiehlt sich, im Team gemeinsam zu überlegen, welche Themen und Fragestellungen für die Entscheidungsfindung der Kinder geeignet sind.

ZITAT

„Wir müssen uns die Frage stellen: Was können wir die Kinder fragen und wie? Dann können wir sie beteiligen."

Leiterin einer Kindertagesstätte in Hanau

„Jede Stimme zählt!"

Eine Partizipation, Förderung und Gleichheit gleichermaßen würdigende Herangehensweise fragt danach: Wie müssen die Angebote sein, damit alle sich angesprochen fühlen und sich einbringen können? Es geht dabei um die Prüfung, ob die Methode geeignet ist und eben nicht darum, ob Kinder und ihre Eltern geeignet sind, teilhaben und mitbestimmen zu können. Alle Kinder haben ein Recht darauf, sich eine Meinung bilden und sich mit ihren Ideen einbringen zu können. Wenn Kitas dies beherzigen, können sie zu einem sehr bedeutsamen Ort der Förderung eines demokratischen Bewusstseins (in einer Kommune) werden. Denn nicht alle fühlen sich gleichermaßen selbstverständlich eingeladen, sich mit ihren Vorstellungen einzubringen. Aufgrund von schlechten oder fehlenden Erfahrungen können manche Menschen sich gar nicht vorstellen, dass ihre Wünsche, Bedürfnisse und Vorschläge relevant sein könnten. Erleben Erziehungsberechtigte, dass sie wertgeschätzt werden und ihnen und ihren Kindern zugetraut wird, Verantwortung zu übernehmen, kann ganz plastisch und neu erlebbar werden, dass alle Menschen ein Recht auf Mitbestimmung haben.

Formulierungshilfe zum „Recht sich zu informieren, seine Meinung zu sagen und mitzubestimmen":
- **Kinder haben das Recht, von wichtigen Neuigkeiten zu wissen.**
- **Kinder dürfen immer sagen, wenn ihnen etwas gefällt UND wenn ihnen etwas nicht gefällt.**
- **Erwachsene hören darauf und nehmen es ernst.**

(aus Makista 2019, S. 90)

Informiertheit, die stärkt und nicht schwächt

Zum Recht auf Mitbestimmung gehört das Recht, sich eine Meinung bilden zu können (Art. 13 KRK). In diesem Zusammenhang kommen die Prinzipien Förderung und Schutz besonders zum Tragen. Wenn Erwachsene Kinder bei ihrer Weltaneignung unterstützen, sollten sie sich an den Fragen und dem Interesse der Kinder orientieren und darauf achten, dass sie die Kinder – insbesondere bei schwierigen Themen – durch die Informationsvermittlung stärken und nicht schwächen. Ein achtsamer Umgang mit Medienbildern ist dabei sehr hilfreich. Hierzu kann eine gemeinsame Reflexion mit Erzieher*innen und Erziehungsberechtigten sehr gewinnbringend sein. Wie das gestaltet werden kann, soll im Folgenden an einem Beispiel aus unserer Workshop-Praxis verdeutlicht werden:

„Oh, nein – so geht das gar nicht!", reagiert ein Vater bei einem gut besuchten Elternnachmittag in einer Kita, in der Familien mit sehr vielen verschiedenen Erfahrungen und nicht leichten Lebensbedingungen zusammenkommen. „Der Vater muss sich seinem Kind zuwenden, seine Zeitung weglegen und versuchen ihm die Fragen zu beantworten", fährt er fort. „Ja, aber, wie will er das gut erklären?", meldet sich engagiert eine Mutter zu Wort. „Das muss er behutsam machen, damit das Mädchen keine Angst kriegt." „Ja, und das ist gar nicht so leicht", mischt sich eine dritte Stimme ein.

Ausgangspunkt dieser lebhaften Auseinandersetzung war eine Theaterszene, in der die für den Informationsnachmittag eingeladenen Referent*innen für Kinderrechte anhand von drei verschiedenen Spielszenen die verschiedenen Prinzipien der Kinderrechte verdeutlichten und die Teilnehmenden aktivierten, sich mit den Inhalten der Kinderrechte alltagsnah zu verknüpfen. Angelehnt an das von Augusto Boal entwickelte *Theater der Unterdrückten* (vgl. Boal 1989) entwickelte das Team auf der Grundlage der vom Kita-Team vermittelten Themenlagen Szenen, in deren Ausgangspunkt eine leichte Verletzung eines Kinderrechts dargestellt und gemeinsam mit den Zuschauer*innen/den Teilnehmenden nach Wegen gesucht wurde, wie man den Kinderrechten (mehr) entsprechen und sie erlebbar machen kann. Um das Recht auf Information näher zu beleuchten, hatte in der Ausgangsszene ein*e Spieler*in die Vaterrolle übernommen, der – Zeitung lesend – etwas abweisend auf einem Stuhl saß, während seine kleine Tochter (gespielt von einem weiteren Teammitglied) auf der Erde sitzend, mit Bausteinen spielt und ziemlich unvermittelt die Frage aufwirft: „Papa, was ist eigentlich Krieg ...". Der Vater wirkt gestört und weist die Frage unwirsch zurück: „Ach, lass mal, das verstehst du noch nicht. Dafür bist du noch viel zu klein."

Die Teilnehmenden sind eingeladen, zu überlegen, um welches Kinderrecht es wohl geht, was in der Szene schief geht und wie man in der Situation angemessener, den Kinderrechten entsprechend, reagieren könnte. Diese Ideen können von den Teilnehmenden eingebracht, selbst gespielt oder den Spieler *innen als

Arbeitsauftrag gegeben werden. Entscheidend sind dabei vor allem die Auseinandersetzung und der gemeinsame Austausch. In der oben beschriebenen Situation konnte sich ein sehr gutes Gespräch zwischen den Erzieher*innen, die an dem Informationsnachmittag auch teilnahmen, und den Erziehungsberechtigten entwickeln. Ausgehend von der Szene konnten Bilderbücher gezeigt, das Konzept der Kita-„Bibliothek", in der Kinder sich selbst zu Themen, die sie interessieren, etwas auswählen können, aber auch die Problematik von Handynutzung und TV-Konsum besprochen und ein wertschätzender Austausch über herausfordernde Situationen eingeleitet werden.

Hier (wie andernorts) war man sich schnell einig: Erwachsene müssen auf keinen Fall auf alle Fragen eine Antwort haben. Es empfiehlt sich, offen zuzugeben, wenn man etwas nicht weiß und die Kinder dabei zu unterstützen, Antworten auf komplexe Fragen zu finden. Stadtteil-Ralleys, in denen gute Informationsorte besucht werden können, helfen dabei, sich zu orientieren. Zentral ist die Haltung und natürlich auch das Wissen und damit verbunden das explizite Benennen der kinderrechtlichen Grundlagen: Es ist gut, richtig und wichtig, dass Kinder neugierig sind und sich die Welt erschließen möchten. Sie haben ein Recht darauf, in ihrem Forscher*innen-Drang wahr- und ernstgenommen zu werden und entsprechend ihres Entwicklungsstandes informiert und auch bei Entscheidungen beteiligt zu werden.

KINDERRECHT/ARTIKEL KRK

Art. 13 KRK: Das Kind hat das Recht auf freie Meinungsäußerung; dieses Recht schließt die Freiheit ein [...] Informationen und Gedankengut jeder Art [...] durch vom Kind gewählte Mittel sich zu beschaffen, zu empfangen und weiterzugeben.

Illustration: von Zubinski

Feste Orte und Strukturen der Partizipation

Zur Förderung einer demokratischen Kultur ist es wichtig, dass Kinder von Anfang an erleben, dass es auf jeden ankommt. Jede Stimme, jede Frage, jede Erfahrung und jede Idee sind wichtig. Ein demokratisches, konstruktives Zusammenleben lebt davon, dass alle gehört werden und alle wissen, dass ihr Mitdenken und Mittun erwünscht und nötig ist. Damit die Kinderrechte im Alltag einer Einrichtung und dem sie umgebenden Gemeinwesen spürbar und damit nachhaltig implementiert werden können, ist die Haltung der erwachsenen (Schlüssel)Akteur*innen wichtig. Begreift sich eine Kita, eine (Grund)schule, ein Verein als „Haus der Kinderrechte", steht die Idee im Mittelpunkt, dass die Ausrichtung im täglichen Erleben spürbar wird. Dazu hilft es, sich wiederkehrend ins Bewusstsein zu rufen: Kinder haben ein Recht darauf, ihre Meinung zu sagen und ihre Meinung einzubringen. Erwachsene haben die Pflicht, sich dafür zu interessieren und Kinder dabei zu unterstützen, dass sie eine Meinung zu den sie betreffenden Dingen entwickeln und sich mit ihren Wünschen, Ideen und Bedürfnissen einbringen können. Es ist sehr hilfreich, wenn es dazu feste und verlässliche Strukturen, Orte und Rituale gibt und wenn diese auch mit dem expliziten Benennen der Kinderrechte verknüpft sind. So lässt sich der Dreiklang aus Wissen über, Erleben durch und Handeln für die Kinderrechte gut umsetzen.

Kinder können und müssen Dinge lernen, damit sie von ihrem Recht auf Partizipation Gebrauch machen können. Regelmäßige Angebote und im Kita-Alltag fest verankerte Gelegenheitsräume zum Austausch, Probleme erkennen, Ideen entwickeln und Entscheidungen treffen, tragen dazu bei, dass alle Kinder Kompetenzen entwickeln können, sich für ihre Rechte einzusetzen und Verantwortung für andere und deren Rechte zu übernehmen. Am besten gelingt dies, wenn es hierfür auch einen festen Zeitpunkt im Wochenplan gibt und die Kinder sich darauf verlassen können, dass es wiederkehrend einen Ort gibt, in dem sie ihre Ideen, Wünsche und Bedürfnisse einbringen können.

(Guten-)Morgen-Kreise bieten einen sehr guten Ausgangspunkt. Kinder erleben, dass sie mit ihren Empfindungen wahr- und ernstgenommen werden und sie üben sich darin, anzuerkennen, dass andere Kinder ebenso wichtig und gleichberechtigt zu behandeln sind. Gefühle wahrnehmen und ausdrücken, sich zeigen, aber auch zurücknehmen können, zusammenkommen und für eine Zeitlang mit anderen aufmerksam, manchmal auch geduldig und leise sein zu müssen – all dies sind wesentliche Aspekte, die im Morgenkreis angestoßen und erlernt werden können. Kernkompetenzen, die man braucht, um an Kinderkonferenzen oder dem Kita-Parlament teilnehmen und einen zunehmend aktiven Part übernehmen zu können. Die beiden letztgenannten sind zentrale Orte, in denen das in Artikel 12 (Berücksichtigung des Kindeswillens) formulierte Recht auf Mitbestimmung verwirklicht werden kann.

KINDERBUCH-TIPP

Die Bildergeschichten in „Gefühle sind wie Farben" von Aliki bieten Kindern einen großen Schatz an Spiel-, Rede- und Malanlässen zur Vielfalt der Gefühle. Das kann Rituale im Morgenkreis wie eine Einstiegsrunde „So geht es mir heute" oder ein „Stimmungsbarometer" unterstützen.

Die Kinderkonferenz

In der Kinderkonferenz kommen die Kinder zusammen, um sich über ihre Belange auszutauschen. Dies kann in kleineren Gruppen geschehen oder auch eine Vollversammlung sein. Entscheidend ist auch hier, dass die die Kinder begleitenden Pädagog*innen darauf achten, dass es nicht zu Überforderungssituationen kommt und sie den Kindern helfen, durch Struktur und methodische Angebote an gemeinsamen Anliegen zu arbeiten. Begrenzte Zeitfenster, klare Regeln für die Zusammenkunft und das Miteinander-Sprechen sowie abwechslungsreiche Methoden zur Entscheidungsfindung können helfen, damit die jüngeren Kinder auch an den doch oft noch recht anstrengenden Sitzungen gut teil nehmen können.

Kinderkonferenzen und Sitzkreise sind Orte, an denen die Kinder wesentliche Aspekte eines demokratischen Miteinanders kennen lernen und Verantwortung übernehmen können. Die in den Versammlungen zu vergebenden Aufgaben und Ämter bieten die Gelegenheit, demokratisch handeln zu lernen. Die Ämter sollten wechseln und jedem Kind sollte die Gelegenheit gegeben werden, alle Aufgaben wiederkehrend ausprobieren zu können. Als Ämter kommen beispielsweise in Frage: Ein*e auf die Zeit achtende „Zeitwächter*in" (er*sie kann beispielsweise die Sanduhr umdrehen, wenn ein Kind zu reden beginnt und darauf hinweisen, wenn der Sand bald durchgelaufen ist; oder einen Küchenwecker stellen, der rappelt, wenn die Redezeit zu Ende ist); ein*e die sich zu Wort meldenden Kinder „Drannehmer*in" (eine Perlenkette kann darin unterstützen, den Überblick über die Anzahl der zulässigen Redebeiträge nicht zu verlieren), ein*e „für Ruhe-Sorger*in", ein*e Entscheidungen nochmal zusammenfassende „Zuhörer*in" – dem Ergebnis-Beitrag muss zugestimmt und dieses von einer erwachsenden Begleitung notiert werden – und der*die „Moderator*in", die alles im Blick behält, die Sitzung eröffnet und den Ablauf strukturiert.

Wir-Lösungen für Wir-Probleme oder: Was gehört in die Kinderkonferenz?

Eine wiederkehrend diskutierte Frage ist die, welche Themen in der Kinderkonferenz besprochen werden können. Hilfreich ist die Orientierung daran, dass die Themen für alle von Belang sein müssen und den Alltag in der Kita als Ganzes betreffen. Besonders geeignet sind Themen, bei denen es darum geht, etwas gemeinsam machen zu wollen, etwas Neues anzuschaffen oder Veränderungen herbeizuführen. Schöne, positiv besetzte Themen mit Entwicklungspotential, bei denen die Kinder sich in ihrer Kreativität erleben und ihre Expertise einbringen können.

Zentral ist, dass darauf geachtet wird: wenn Kinder nach ihren Ideen gefragt werden, müssen sie auch erleben, dass ihre Meinung und Einschätzung gewürdigt und in die Entscheidung einbezogen wird. Es sollte nicht zu Schein- und Alibi-Formaten kommen, bei denen die Kinder eine frustrierende Erfahrung nicht ernstgemeinter Beteiligung machen (vgl. DKHW 1997, S. 23). Das heißt nicht, dass man Kinder nicht auch in langwierige kommunale Planungsprozesse (beispielsweise bei der Gestaltung von Spielplätzen, Fuß- und Fahrradwegen und Ampelschaltungen) mitnehmen kann. Im Gegenteil: es ist absolut wünschenswert und hilfreich, wenn die Expertise der Kinder in stadtplanerischen Kontexten einfließen.

Das Kinder- und Jugendbüro und die Stabstelle Prävention und Sicherheit arbeiten in Hanau im Rahmen des Aktionsplans „Kinderfreundliche Kommune" eng zusammen. Regelmäßig seit vielen Jahren sind Kinder, bereits im Vorschulalter, Ideengeber für die Anpassung oder Neuentstehung von Spielflächen in der Stadt. Da der Mangel an Spielmöglichkeiten in der Innenstadt kritisiert wurde, entstanden u. a. mehrere „Spielpunkte" im öffentlichen Raum: Eine Hüpfschlange, ein Stehkarussell und ein Vier-Gewinnt-Spiel. Die Verantwortlichen achten darauf, dass die von den Kindern gestalteten Flächen geschützt und immer verfügbar sind. Es werden z. B. Metallpoller installiert, die das Spielfeld zum Gehsteig hin abgrenzen, damit keine Autofahrer auf die Idee kommen, auf dem Spielpunkt zu parken.

GUTES BEISPIEL

Ein transparentes Vorgehen, in denen die die Kinder begleitenden Erwachsenen den Kindern die bevorstehenden Herausforderungen (z. B. es braucht vielleicht viel Zeit, bis eine Entscheidung fallen wird; die Kinder werden nicht die einzigen sein, die eine Idee einbringen; es kann sein, dass sich ihre Idee nicht komplett umsetzen lässt) erläutern, kann einen wesentlichen Beitrag zur Förderung eines nachhaltigen demokratischen Bewusstseins sein. Es empfiehlt sich allerdings, darauf zu achten, dass beim Einstieg in das Kennenlernen und Erlernen der Verfahren der Verantwortungsübernahmen und Mitbestimmung Themen behandelt werden, deren Umsetzung überschaubar sind und bei denen es realistisch ist, dass die Ideen der Kinder berücksichtigt werden können (z. B. Anschaffung neuer Spiele/Spielgeräte).

Natürlich können auch Probleme, die die Kinder bemerken und über die sie sich austauschen wollen, in der Kinderkonferenz besprochen werden. Auch hier gilt die Grundregel: es können nur Wir-Probleme gemeinsam im Wir der Kita-Gruppe oder der Vollversammlung besprochen werden. Konflikte zwischen einzelnen Kindern gehören definitiv nicht in die Kinderkonferenz und/oder den Morgen- oder Sitzkreis. Die Klärung von Konflikten zwischen Kindern braucht einen vertraulichen Raum, in dem Verletzungen thematisiert werden können. Wird dies im großen Kreis besprochen, besteht die Gefahr der Verletzung der Intimsphäre und der seelischen Unversehrtheit einer Konfliktpartei. Dies hat eine schutzrechtliche Dimension und muss unbedingt verhindert werden.

Verantwortungsübernahme: die Rolle des*der Gruppen- und Kitasprecher*in

Die Lösungskompetenz von Kindern – insbesondere auch bei der Konfliktklärung – kann und sollte auf jeden Fall ernstgenommen und gefördert werden. Konflikte und Auseinandersetzungen gehören zum Leben dazu und sind daher nichts Schlimmes. Schwierig ist nicht der Konflikt als solches, sondern die Art und Weise, wie er geklärt wird. Die Haltung der Erwachsenen ist auch hier entscheidend: Wenn Erzieher*innen und Erziehungsberechtigte in Konflikten vor allem auch Chancen sehen und den Kindern helfen, sich an einer konstruktiven Klärung aktiv zu beteiligen, dann können Kinder zunehmend selbstständig damit umgehen. Den nicht immer leicht zu erfassenden Gefühlen, die durch eine konflikthafte Situation entstehen (traurig, wütend, verletzt ...) wird durch eine solche Unterstützung Raum gegeben. Daher empfiehlt es sich, den Umgang mit Konflikten auch dem Prinzip der Partizipation zuzuordnen. Es ist wichtig anzuerkennen, dass Konflikte nie ohne eine Beteiligung der Konfliktparteien nachhaltig gelöst werden können. Was ihnen gut tut, was sie verletzt hat, was sie brauchen, um sich wieder wohl und sicher zu fühlen – all das wissen nur diejenigen, die im Konflikt stecken. Daher sollten unbeteiligte Dritte den Konfliktparteien keine Lösung verordnen. Sie kann nur gemeinsam mit ihnen entwickelt werden. Kinder sollten möglichst von Anfang an Gelegenheit dazu bekommen, sich an der Klärung von Konflikten zu beteiligen. Zu Beginn sollte das immer geschehen, wenn sie selbst mit einem anderen Kind in einen Streit geraten (dabei helfen z. B. „Mediations-Füße", „Streitschlichtungs-Füße" oder eine „Friedensbrücke" – Methoden, die anhand von Bildsymbolen Schritte der konstruktiven Konfliktlösung für Kinder ritualisieren; siehe hierzu z. B. „Die hat aber angefangen" Konflikte im Grundschulalltag fair und nachhaltig lösen von Renate Lixfeld, Petra Gilbert-Scherer, Bernadette Grix, Renate Scheffler-Konrat, Mühlheim a. d. Ruhr). Bei einer entsprechend positiven, konstruktiven Konfliktkultur in einer Kita können sich auch Kinder als Vermittler*innen anbieten und anderen Kindern helfen, wenn diese einen Streit nicht alleine lösen können.

Befragungen von Kindern zeigen deutlich, dass sie es zu schätzen wissen, wenn man ihnen zutraut, die Dinge selbst zu lösen. Dies gilt auch – oder sogar insbesondere – bei der Konfliktklärung. Das zeigt das folgende Zitat aus der „Qualität vor Ort"- Studie von DESI – Institut für Demokratische Entwicklung und Soziale Integration:

„Kinder wollen den Alltag in der KiTa mitgestalten, sich an partizipativ angelegten Gestaltungs- und Entscheidungsprozessen beteiligen und Mit-Verantwortung für die Lösung von Problemen übernehmen. Dabei orientieren sie sich mit Engagement an grundlegenden demokratischen Prinzipien, z. B. Abstimmung von Vorschlägen. Solange sie ohne Unterstützung von Erwachsenen zurechtkommen, klären sie gerne Dinge unter sich. [...] (Es) wird deutlich, dass nicht zuvorderst die Erwachsenen in der Rolle gesehen werden, die Streit klären bzw. helfen können, sondern die gewählten Gruppensprecher." (Nentwig-Gesemann/Walther/Thedinga 2017. S. 16/f.)

„Für den Klassenrat noch zu klein?" – Übergang von Kita zur Schule

Möglichkeiten, für sich und andere Verantwortung zu übernehmen, sich umsichtig in die Entscheidungsfindung einzubringen und demokratisches Handeln zu erproben, gibt es in der Kita viele. Je nach Konzept und Struktur sind die Gelegenheitsräume unterschiedlich ausgestaltet. Es ist aber nicht selten, dass Kinder, die von der Kita in die Grundschule wechseln, bereits Erfahrungen als Gruppensprecher*in oder gar Kita-Sprecher*in gemacht haben. Die meisten Kinder sind mit Morgen- und Sitzkreisen vertraut und haben wichtige Verfahren der Entscheidungsfindung in der Kinderkonferenz erlernt. Wer mit diesem Erfahrungsschatz aus der Kita in die Grundschule wechselt, kann leicht in die Arbeit mit dem Klassenrat einsteigen. Wer als Kita-Sprecher*in tätig war, wundert sich sicher, wenn es in der ersten Klasse keine*n Klassensprecher*in gibt.

Kitas, die sich als Teil des Gemeinwesens verstehen, haben oft gute Kontakte zu der/den örtlichen Schule(n) aufgebaut. Auf der Folie des gemeinsamen Bezugsrahmens der Kinderrechte lassen sich in gemeinsamen Fortbildungsveranstaltungen methodische Zugänge und Konzeptideen austauschen, Alltagserfahrungen reflektieren und so an einer gemeinsamen Haltung arbeiten. „Dass wir den Kindern immer noch, immer mal wieder weniger zutrauen, als sie schon können", ist dabei nicht selten eine gemeinsame Erkenntnis von Erzieher*innen und (Grund-)Schullehrer*innen.

Exkurs: Das Recht auf Partizipation ganz konkret eingeführt

„Ach, das hat ja richtig Spaß gemacht", bemerkt eine Grundschullehrer*in begeistert am Ende eines Wahrnehmungsspaziergangs rund um das Kita-Gelände, in dem sie gemeinsam mit einer Partner*in aus dem Kita-Team nach einem „wohlduftenden" und dem „am schlechtesten riechenden" Ort gesucht hatte. Andere Teams überprüften Ampelschaltungen auf dem Weg zwischen Kita und Grundschule oder schauten sich die lokalen Spielplätze an. Dabei nahmen sie zum einen Anregungen für Sachunterricht und Klassenrat mit. Vor allem aber nahmen sie gemeinsam eine Spur auf, wie man Kindern Lust und Mut machen kann, sich als „Stadtteilforscher*innen" zu erleben und dabei ganz plastisch das Recht auf Mitbestimmung zu erfahren. Ausgangspunkt kann dabei auch das von Corinna Fuchs und Dorothea Tust entwickelte Büchlein „Wir bestimmen mit" aus der Pixi-Reihe des Deutschen Kinderhilfswerks sein. Es beinhaltet wesentliche Schritte eines Partizipationsprojektes, die methodisch aufbereitet einen konkreten „Fahrplan" illustrieren:

Auf einen Wahrnehmungsspaziergang, bei dem die Kinder entdecken, dass beim nächstgelegenen Spielplatz einiges im Argen liegt (Problemwahrnehmung) folgt die Phase der kreativen Entwicklung von Lösungsideen. Die Kinder sind eingeladen, eine Vision zu entwickeln. Sie erhalten den Auftrag, ein Bild zu malen und darin darzustellen, was ihnen wichtig ist. Zunächst werden die Ideen aller gewürdigt. Die Bilder der Kinder werden in einer Galerie ausgestellt und erhalten von der*dem den Partizipationsprozess begleitenden Pädagog*in ein positives Feedback. Dann treten die Kinder in einen Entscheidungsfindungsprozess ein: die Kindergruppe kann einen gemeinsamen Vorschlag an ein Gremium schicken und sich damit für eine Verbesserung der Bedingungen auf dem Spielplatz einsetzen. Hierzu wird ein Bepunktungsverfahren eingeführt. Darüber wird verdeutlicht, dass jedes Kind (unabhängig von Größe, Alter, Geschlecht und anderen Aspekten der Identität) genau eine Stimme hat. Hierzu werden Klebepunkte verteilt und jedes Kind darf seinen Punkt auf das Bild kleben, auf dem der von ihm besonders favorisierte Aspekt dargestellt wird. In dem Büchlein erhalten zwei Aspekte (das Piratenschiff und Pflanzen) die meisten Punkte. In der Geschichte senden die Kinder ihre Idee an das Kinderhilfswerk. Denkbar wäre es aber auch, die lokal vor Ort zuständigen Stellen zu adressieren: Kinderbeauftragte der Stadt, kommunale Spielplatzprojekte oder das Kinder- und Jugendparlament. In der Geschichte wird die Idee der Kinder positiv beschieden und die Kinder können sich gemeinsam mit ihren Erziehungsberechtigten an der konkreten Umgestaltung beteiligen.

In gemeinsamen Fortbildungen lassen sich Themen- und Fragestellungen sammeln, bei denen die Kinder eingeladen werden können, sich mit ihren Ideen und ihrer Expertise einzubringen. Das können Orte in und auf dem Gelände der pädagogischen Einrichtungen sein oder auch den Blick in den Stadtteil weiten. Die Vertreter*innen der Kitas und Grundschulen können sich über die örtliche Teilhabekultur austauschen und die Gelegenheitsräume kritisch würdigen: gibt es vor Ort ein Kinder- und Jugendparlament? Wie arbeitet es? Hat es alle Kinder im Blick? Welche anderen Verfahren sind denkbar? Wie offen ist die Stadtverwaltung für die Beteiligung von Kindern und Jugendlichen? Gibt es einen gemeinsam mit Kindern und Jugendlichen entwickelten Stadtplan? Wo kommen Kinder und Jugendliche zusammen? Welche Möglichkeiten der Peer-Education gibt es und wie werden sie genutzt?

Dies sind Fragen, die eine Verständigung über die Möglichkeitsräume des Handelns für die Kinderrechte ermöglichen. Neben Verfahren und Strukturen sind die Haltungen der Schlüsselakteur*innen wichtig. Im kollegialen Austausch können dabei auch Herausforderungsräume der Kinder- und Jugendpartizipation ausgeleuchtet werden. Zu einer Verständigung Cross-Peer-Projekte lädt die folgende Situationsbeschreibung ein, die mit Hilfe des Dilemma-Dialoges bearbeitet werden kann.

DILEMMA ÜBUNG

Verantwortungsübernahme

Lea und Ömer sind unsicher. Sie sind das Betreuer*innen-Team einer Freizeit an der 6- bis 12-Jährige teilnehmen. Zum Abschluss des zweiwöchigen Camps können die Teilnehmenden in altersgemischten Teams kleine Events für den Abschluss der Freizeit vorbereiten. Das Konzept der Freizeit sieht vor, dass die Beteiligung der Teilnehmenden gefördert wird und die Kinder so viel wie möglich in Eigenregie planen und durchführen können. Das hat bisher weitestgehend sehr gut geklappt. Allerdings bereiten die Planungen der AG Nachtwanderung Lea und Ömer etwas Sorgen. Sie sind unsicher, ob die Gruppe die Belastbarkeit der jüngeren Teilnehmenden nicht überschätzt und einen zu weiten und auch nervenaufreibenden Weg plant. Entsprechend vorsichtige Bemerkungen in diese Richtung wurden von den AG-Mitgliedern, zu dem auch zwei Sechsjährige gehören, als übertrieben abgetan. Seither ist die Gruppe nicht mehr so offen für den Austausch und möchte, dass Lea und Ömer sich zurückhalten und sich nicht in die Planungen einmischen sollen. Lea findet, sie sollen das Votum der Kinder achten und ihnen die Möglichkeit bieten eine Erfahrung zu machen. Vielleicht schaffen es ja alle gut. Wenn nicht, müssten die Kinder einen Weg finden, wie sie denjenigen, denen es zu viel wird, helfen können. Außerdem wären sie beide zur Not bei der Nachtwanderung auch dabei und könnten helfend eingreifen. Ömer sieht das schon auch, hat aber die Sorge, dass dies die Kinder überfordern könnte und sie dann eine Erfahrung machen würden, die ihre Lust, Verantwortung zu übernehmen eher schwächen als stärken würde. Er würde daher gerne eine Beratung einfordern, auch wenn das den üblichen Gepflogenheiten nicht ganz entspricht.

Was sollen Lea und Ömer tun: sollen sie die AG in Ruhe lassen und nur beraten, wenn die Kinder von sich aus auf sie zukommen oder aber darauf bestehen, dass die Route für die Nachtwanderung noch einmal gemeinsam besprochen wird?

Förderung

Förderung

Die Führung durch die Einrichtung folgt einem gut geplanten System: drei Kinder der Schmetterlings-Gruppe haben sich gemeinsam vorbereitet und wechseln sich nun harmonisch ab bei der Darstellung der verschiedenen Highlights in ihrem Kita-Leben. Die laminierten, gelochten und mit einer Kordel verbundenen (Moderations-)Karten, auf denen jeweils ein Thema für die Vier- und Fünfjährigen verständlich aufbereitet ist, helfen den Kindern, die Struktur zu halten, sich auf das Wesentliche zu konzentrieren und das Rederecht selbstverständlich weiterzugeben. Die Besucher*innen-Gruppe erfährt so etwas über die Tagesstruktur, die Spiel- und Bastelgelegenheiten und die gemeinsam für schwierige Momente gefundenen Regeln und Umgangsformen.

Stolz präsentiert die vierjährige Mona das gut sortierte Schubladensystem in einem Schränkchen, in dem wirklich jede*r alles finden kann, was man braucht, um Diversestes herstellen zu können. Jede Schublade ist mit einer Zeichnung/einem Bild versehen, das den Gegenstand zeigt, der in der Schublade zu finden ist, Zum Piktogramm kommt das Wort in (Druck)Buchstaben in deutscher Sprache. So können alle Kinder ganz nebenbei neue Wörter in ihren Wortschatz aufnehmen – und wer schon dabei ist, lesen und schreiben zu lernen, kann auch die dazugehörige Schreibweise kennen lernen. Bittet beispielsweise die Erzieher*in darum, sich eine Schere zu holen und hält sie dazu selbst eine Schere den Auftrag begleitend in die Luft, können alle Kinder – auch die die gerade oder noch nicht präsent hatten, was eine Schere ist – sich durch die Piktogramme orientieren und sich eine Schere holen.

Beide skizzenhaft beschriebenen Eindrücke aus dem Kita-Alltag verdeutlichen wesentliche Elemente einer kinderrechtsbewussten Gestaltung des pädagogischen Alltags, in denen die Aufeinanderbezogenheit der Prinzipien lebendig und die Idee der Förderung und der Teilhabe *Aller* ganz greifbar wird. Kinder haben unterschiedliche Fähigkeiten, Zugänge und Ressourcen. Durch die gut durchdachte und sehr achtsame Begleitung der Erzieher*innen und das didaktische Konzept können sich die Kinder als (selbst)tätige, den Herausforderungen gewachsene Subjekte erleben. Dies stellt ein sehr gelungenes Beispiel für die Förderung der Selbstwirksamkeit dar. Was so leicht, fast spielerisch wirkt, hat ein gutes Fundament: die gemeinsam mit den Kindern erarbeitete Präsentation lässt die aufregende Situation (eine Gruppe fremder Erwachsener/Expert*innen will den Kita-Alltag kennen lernen) handhabbar werden. Struktur und Rahmen ermöglichen allen Kindern, vor die Gruppe und die Besucher*innen zu treten und einen wichtigen Aspekt ihres Alltags zu erläutern – auch Kindern, die vielleicht noch etwas schüchtern sind und dadurch verstummen oder Gefahr laufen, zu schnell zu sprechen und dadurch den Faden verlieren könnten. Daraus entsteht ein Besuch auf Augenhöhe, in denen nicht über sie geredet, sondern mit ihnen gemeinsam ein Einblick in ihren Lern-, Spiel- und Arbeitsort ermöglicht wird.

Art. 28: Die Bildung des Kindes muss darauf gerichtet sein, die Persönlichkeit, die Begabung und die geistigen und körperlichen Fähigkeiten des Kindes voll zur Entfaltung zu bringen.

Art. 27: Die Vertragsstaaten erkennen das Recht jedes Kindes auf einen seiner körperlichen, geistigen, seelischen und sozialen Entwicklung angemessenen Lebensstandard an.

Lernprozesse begleiten

Kinder haben in der Regel einen ganz natürlichen Drang, Dinge zu entdecken und sich die Welt zu erschließen. Im Spiel mit anderen oder auch alleine, bei Spaziergängen und Fahrten mit Rollern, Zweirädern, Gokarts, beim Basteln und Bauen. Überall finden sich sehr viele Gelegenheiten, bereits Erlerntes anzuwenden und zu vertiefen und sich neuen Fragestellungen zu widmen. Diese Prozesse zu fördern erfordert vor allem eine ressourcen- und kompetenzorientierte Beobachtung durch erwachsene Lernbegleitungen. Durch diese können Räume entstehen, in denen die Kreativität und der Wissensdurst der Kinder gefördert, durch kleine Impulse weitere Entdeckungen ermöglicht und Gelegenheit für eigenständiges Erproben und Wiederholen gegeben sind. Entscheidend ist dabei die Haltung, die von einem Respekt gegenüber dem Tun der Kinder geprägt ist und die Aufgabe darin sieht, nicht den Kindern etwas beizubringen, sondern zu beobachten, wie die Kinder sich ihr Wissen aneignen und sie dabei zu unterstützen.

Eine kritische Reflektion der dem Verhältnis von Kindern und Erwachsenen eingeschriebenen Machtstrukturen kann dabei helfen, vielfach unbewusst reproduzierte Normvorstellungen zu hinterfragen und Wege zu finden, in denen jedes Kind in seiner Einzigartigkeit gesehen wird und seinem Recht auf Förderung und Entwicklung entsprochen werden kann. Unter dem noch immer wenig präsenten Begriff des Adultismus wird das Phänomen näher beschrieben. „Der Begriff verweist auf die Einstellung und das Verhalten Erwachsener, die davon ausgehen, dass sie allein aufgrund ihres Alters intelligenter, kompetenter, schlicht besser sind als Kinder und Jugendliche und sich daher über deren Meinungen und Ansichten hinwegsetzen.“ (Ritz 2015, S. 52) Darunter liegt die Vorstellung von Entwicklung und Wertigkeit, bei der dem erwerbstätigen Erwachsenen die höchste Stufe zugemessen wird. Befragungen von Kindern, aber auch Reflexionsrunden in Fortbildungsformaten zeigen, wie tief verankert dieser Wissensbestand ist: „Je größer, je älter ein Mensch ist, desto wichtiger ist er.“ (Ritz 2015) Es bedarf der wiederkehrenden Erinnerung an das von Janusz Korczak bereits zu Beginn des 20. Jahrhunderts formulierte Postulat der Anerkennung des Subjektstatus des Kindes, dessen Notwendigkeit Jesper Juul in seiner Arbeit über das „kompetente Kind“ 2003 bestärkt: „Soweit ich sehen kann, machen wir einen entscheidenden Fehler, wenn wir nicht davon ausgehen, dass Kinder von Geburt an richtige Menschen sind. Wir sind gewohnt, Kinder als eine Art potentiell asoziale Halbmenschen anzusehen, die zunächst einmal massiver Einwirkung und Manipulation durch Erwachsene unterzogen werden müssen.“ (Juul, zitiert nach Ritz 2015, S. 55)

Subjektstatus und Einzigartigkeit des Kindes wahrnehmen

Menschen sind verschieden, haben unterschiedliche Vorlieben, Neigungen und Kompetenzen und sie entwickeln ihre Fähigkeiten in unterschiedlichen Geschwindigkeiten und auf unterschiedlichen Wegen. Gerade Kinder verändern und entwickeln ihre Möglichkeiten schnell und diese Entwicklungen können sehr zeitversetzt geschehen. Die Herausforderung für die die Kinder in ihrer Entwicklung begleitenden Personen besteht nun darin, sie gut zu fördern und dabei wahrzunehmen, wenn sich ein besonderer Förderbedarf ergibt, gleichzeitig aber auch achtsam gegenüber Druck erzeugenden Normvorstellungen zu sein. Auch in diesem Kontext kann die Haltung Korczaks beispielgebend sein, der auf die Frage „Wann sollte ein Kind laufen und sprechen?“ mit der ebenso simplen wie überzeugenden Antwort reagierte: „dann, wenn es läuft und spricht." (Korczak, zitiert nach Ritz 2015, S. 59)

„In der unbedachten und unausgesprochenen Normierung alles Erwachsenen, dem alles Kindliche angepasst werden muss, befinden Erwachsene immer wieder darüber, was ein Kind eines bestimmten Alters alles noch nicht kann, noch nicht darf, nicht soll – im Gegensatz dazu, was es ab einem gewissen Alter alles können, wissen und tun muss. Mit derartigen Verallgemeinerungen wird die Einzigartigkeit jedes einzelnen Kindes negiert, werden Kinder in Schubladen und Korsetts gepresst, die eine eigenständige Entfaltung enorm erschweren oder verunmöglichen", mahnt die Sozialpädagogin und Erzieherin ManuEla Ritz.

Entwicklungsgespräche auf Augenhöhe, in denen sich Erzieher*innen wiederkehrend für jedes einzelne Kind Zeit nehmen, um in einer ruhigen und angenehmen Atmosphäre gemeinsam Fähigkeiten, Wünsche und Bedürfnisse zu erkunden, begegnen der beschriebenen Gefahr, indem sie das Recht auf Förderung explizit aufgreifen. Sie folgen der Fragestellung „Was alles in mir steckt" und helfen den Kindern, sich angenommen und in ihrer individuellen Entfaltung gewürdigt und begleitet zu sehen. Ausgehend von der ressourcenorientierten Frage: „Was kannst du?" stellen die Erzieher*in und das befragte Kind mögliche Entwicklungsziele fest: „Was möchtest du noch alles können?". Wenn die Erzieher*in daran anschließend sich danach erkundigt: „Wie kann ich dir dabei helfen?" bleibt die Deutungshoheit beim Kind, wodurch die Selbstbestimmtheit gestärkt wird. Die Verschränkung der beiden Prinzipien Förderung und Teilhabe wird hier ganz konkret in der pädagogischen Praxis deutlich (vgl. Makista 2019, S. 39).

Empowerment – oder die Geschichte von der Kleinen Hummel Bommel

Wie wichtig das Recht auf Mitbestimmung bei der Verwirklichung des Rechts auf Entwicklung ist, lässt sich gut mit der Bilderbuchgeschichte „Die kleine Hummel Bommel" vermitteln. Eigentlich haben Hummeln viel zu kleine Flügel, um fliegen zu können, so auch die Figur Hummel Bommel. Nachdem die anderen Insektenkinder Bommel deshalb auslachen, erkennt die kleine Hummel im Laufe der Geschichte, dass sie keine größeren Flügel, sondern nur eine Portion Mut zum Fliegen braucht – und Gesprächspartner*innen, die sich ihrer Sorgen und

Fragen annehmen und sie unterstützen, herauszufinden, ob sie mit ihren kleinen Flügeln vielleicht doch fliegen könnte. Zentrale Figuren in der Vermittlung der Umsetzung des Rechts auf Förderung sind dabei die Grille Gisela und Dr. Willi Weberknecht. Angeregt durch die Erläuterung der Grille, Bommel brauche „vor allem Mut", weiß Bommel sofort selbst, an wen sie sich wenden könnte: „Dr. Weberknecht weiß bestimmt, wie ich Mut bekomme", sagt sie und macht sich auf den Weg zu Spinne und Arzt Willi Weberknecht.

In der Auseinandersetzung mit den Kindern ist es wichtig herauszuarbeiten, welche Handlungsstrategien die kleine Hummel entwickelt, um mit ihrer Fragestellung und Herausforderung klar zu kommen: Sie macht sich auf den Weg, um Informationen zu sammeln und bittet um Unterstützung. Auch die Hilfe durch Dr. Weberknecht lässt sich kinderrechtlich lesen und die Bedeutung der Förderung der Selbstwirksamkeit im Recht auf Förderung und Entwicklung herausarbeiten. Bommel lernt mit seiner Hilfe fliegen. Im „medizinischen Sinne" tut er gar nichts. Er lässt Bommel nur tief durchatmen und in sich hineinhorchen. So stärkt er ihre Selbstwirksamkeit, statt ihr z. B. genaue technische Anweisungen zu geben.

Wenn erwachsene Begleitpersonen die Geschichte nutzen wollen, um sich wesentliche Aspekte des Rechts auf Förderung (gemeinsam mit den Kindern) zu erschließen ist es wichtig, diese Art der Unterstützung, die auf Anweisungen verzichtet und Hilfe zur Selbsthilfe anbietet, im Hinterkopf zu halten. Ausgehend von der Geschichte können die Kinder in ihrem Alltag forschen und wichtige Aspekte des Rechts auf Information, Teilhabe und Förderung entdecken. Sie erfahren, dass sie – wie die kleine Hummel Bommel – ein Recht darauf haben, Erwachsene anzusprechen und Hilfe bei der Klärung von Fragen und Problemen zu bekommen.

- Wann hattet ihr denn schon einmal eine richtig schwierige Frage? Etwas, das ihr nicht konntet und unbedingt lernen oder verstehen wolltet?
- Wen habt ihr gefragt, um die Antwort zu finden?
- Konnte die Person euch helfen?
- Fällt euch noch jemand ein, den man fragen kann, wenn man etwas Schwieriges unbedingt wissen will?

Nachdem die Kinder Personen benannt haben, kann die begleitende Person einige Ansprechpartner*innen angeben, die dazu verpflichtet sind, den Kindern weiterzuhelfen, Informationen zugänglich zu machen etc. Das können die Erzieher*innen in der Kita, die Fachkraft des Vorlaufkurses, der*die Klassenlehrer*in oder ein*e Sozialpädagog*in sein. Aber auch Stellen im Stadtteil, an die Kinder sich wenden können: Die Stadtbücherei, der Quartiersmanager oder auch die Pfarrerin, die Rabbinerin oder der Imam. Am besten ist es, vorher zu recherchieren, um die Zuständigen möglichst konkret benennen zu können.

„Weberknecht? ... ich versteh nur Bahnhof ..." – die Bedeutung der Sprachförderung

In vielen Kinder- und Bilderbüchern finden sich Anknüpfungspunkte an die Kinderrechte. Oft sind es kleine Details in der Gesamtgeschichte, an denen sich ein kinderrechtlicher Aspekt gut zeigen oder herausarbeiten lässt. Oft muss man dazu einzelne Aspekte gezielt herausarbeiten, manch andere vielleicht besser überspringen. Das ist absolut richtig und gut und spricht keineswegs gegen die Arbeiten der Illustrator*innen und Geschichtenerzähler*innen. Die Kinderbuch-Autor*innen wollen eine Geschichte erzählen. Es ist nicht ihr explizites Ziel, einen Beitrag zur Kinderrechtsbildung zu leisten. Darüber hinaus liegt ihr Schwerpunkt auch nicht auf der Frage der Sprachvermittlung. Nicht selten sind daher die Texte in Kinderbüchern recht komplex und für viele Kinder schwierig zu verstehen. Es empfiehlt sich daher, die Geschichten frei zu erzählen und dabei auf eine verständliche Sprache zu achten.

Die Förderung einer Sprache der Mitmenschlichkeit und Kinderrechte mit Unterstützung von Bilderbüchern sollte

- **relevante Themen aus dem kindlichen Alltag und den Interessen der Kinder und dem zugehörigen Kinderrechtsbereich aufgreifen,**
- **altersgerecht sein und die Entwicklungslogik der Kinder berücksichtigen,**
- **die Logik der Sprache berücksichtigen und ihre Entwicklungsschritte,**
- **vielfältig sein in ihren methodischen Zugängen und damit der Vielfalt der Kinder entsprechen,**
- **auch an die Musik der Sprache denken: Intonation, Sprachmelodie, Pausen, Betonungsmuster,**
- **in einer angstfreien Umgebung stattfinden und Lust auf Spracherkundung und Sprachspiele machen.**

(Mundo/Student in: Makista 2019, S. 16ff)

Kommunikation und Sprachentwicklung ist eine Frage von grundsätzlicher Bedeutung, die natürlich auf der Folie der pluralen Einwanderungsgesellschaft noch eine weitere wichtige Facette bekommt. Kinder haben generell ein gutes Gespür dafür, ob sie gemeint sind und an einem Gespräch oder auch dem Wissenserwerb ernsthaft teilhaben dürfen/sollen. Befragungen von Kindern machen deutlich, dass sie bemerken, wenn „über ihre Köpfe hinweg" kommuniziert wird und sie sich nicht beteiligt fühlen. Eindrücklich schildert dies Interviewpartnerin Anna, welche erzählte, dass sie die Erzieherinnen in ihrem Kindergarten nicht verstehen könne, wenn sie miteinander redeten. Auf die Frage, woran das läge, erklärte sie: „Sie benutzen Wörter, die ich nicht kenne und reden viel zu schnell." (Ritz 2015, S. 58)

Bildungssprache und Herkunftssprache

Allen Kindern eine Chance zu geben, neue Sachverhalte zu verstehen, Fragen und Aufträge gut nachvollziehen zu können und sich selbstverständlich sprachlich ausdrücken zu können, bedeutet den Gebrauch des Deutschen als gemeinsame Sprache in (Bildungs-)Prozessen in der pluralen Gesellschaft zu fördern und dabei gleichzeitig die Zwei- und Mehrsprachigkeit vieler Kinder zu würdigen. Als zentral erscheint uns in diesem Zusammenhang, auf ein ausgewogenes Verhältnis zwischen der Vermittlung der Bildungssprache und der Würdigung der Herkunftssprache zu achten. Beides muss in einer wertschätzenden, freundlichen und den Kindern Mut machenden Weise geschehen. Kinder haben ein feines Gespür dafür, ob ihre Fähigkeiten wertgeschätzt werden und ob man ihnen zutraut, Herausforderungen bestehen zu können. Insbesondere in der Auseinandersetzung mit Bilingualität und nichtdeutscher Herkunftssprache schleichen sich nicht selten defizitäre Blicke auf das Kind und seine Familie ein, „die nicht/nicht genug/kein präzises Deutsch spricht". Dieser Reproduktion strukturell rassistischer Diskurse sollte man sich wiederkehrend in Teamreflexionen annehmen. Insbesondere bei der Entwicklung der Kommunikationsfähigkeit kommen die Prinzipien Förderung und Gleichheit zusammen. Die Haltung der Pädagog*innen ist auch hier entscheidend. Allen Kindern zu ermöglichen, dass sie sich, ihre Gefühle, Wünsche und Ideen gut mitteilen können, kann dabei handlungsleitend sein. In Kooperation mit Grundschullehrer*innen, die (in Hessen) in sogenannten Vorlaufkursen 5- bis 7-Jährige mit Flucht- und Migrationserfahrung gezielt in Deutsch unterrichten, können die Erzieher*innen den Erwerb und die Beherrschung der Bildungssprache unterstützen und den Kindern so den Einstieg in das Arbeiten der Grundschule erleichtern.

Aus der Auseinandersetzung mit den allgemeinen Erkenntnissen des Spracherwerbs in der Elementar-Bildung (frühkindlichen Sprachförderung) konnten wesentliche Erkenntnisse für die Entwicklung eines demokratischen, kinderrechtsbasierten Bewusstseins entstehen. Oft sind es „kleine Worte" mit einer „großen Wirkung" durch die sich ein faires, an der Entwicklung und Förderung aller Kinder orientiertes Tun ausdrückt: „Sprache ist die Voraussetzung dafür, dass Kinder nicht nur die äußere Welt verstehen, sondern auch ihre innere Welt, ihre Bedürfnisse und Rechte. Sprache als Ausdruck eigener Gedanken und Gefühle, als Grundlage von Entscheidungen, [...] (und) als Ausdruck von Gemeinschaft. Bereits im Vorschulalter können Wörter und Begriffe wie „jeder", „ich", „wir", „wir alle" eingeführt werden (Makista 2019, S. 16) und die Universalität der Kinderrechte verdeutlichen." Die oben erwähnten Vorlaufkurse unterstützen die Vorschulkinder bei der Sprachentwicklung und können gleichzeitig helfen, Vertrauen in die (neuen) schulischen Räume zu entwickeln, in denen demokratische und faire Formen der Auseinandersetzung stattfinden. Erleben Kinder und ihre Familien, dass sie und ihre Mehrsprachigkeit gewürdigt und ihre selbstverständliche Zugehörigkeit nicht in Frage gestellt werden, kann die Förderung der Bildungssprache Deutsch als gewinnbringend erlebt werden.

Durch die bewusste Überwindung des „monolingualen Habitus" (Mecheril 2004) können alle die Kita und die Schulen besuchenden Kinder – auch die, deren Herkunftssprache die Bildungssprache ist – einen selbstverständlichen Umgang mit Pluralität und Mehrsprachigkeit entwickeln. Der Einsatz mehrsprachiger Kinderbücher, zu deren Lesung Erziehungsberechtigte in die Kita kommen und im Tandem mit dem*der Erzieher*in vorlesen, ist dabei nur eines der vielen Möglichkeiten, wie Mehrsprachigkeit ganz selbstverständlich gefördert werden kann. Die gemeinsam vom Hessischen Sozialministerium und der Karl Kübel Stiftung herausgegebene Broschüre „Kinder mit Fluchterfahrung in der Kindertagesbetreuung" bietet eine Vielzahl guter Anregungen, wie die Kita „ein Raum der soziokulturellen Vielfalt, in dem Kinder mit ihrer Mehrsprachigkeit angenommen und wertgeschätzt werden" (HMSI 2018, S. 89) werden kann. Dazu gehört insbesondere die Aufgabe, Strategien zu entwickeln, die dazu führen, dass die unterschiedlichen Sprachen im Kita-Alltag sicht- und hörbar sind und gleichzeitig die Schärfung des Bewusstseins dafür, dass die Erzieher*innen ein wichtiges Sprachvorbild sind. Durch eine präzise, verständliche und das Sprachverstehen fördernde Kommunikation können Erzieher*innen allen Kindern helfen, sich in der Bildungssprache Deutsch zu Hause fühlen.

Reflexion als Teil professionellen Handelns

Hilfreich ist in diesem Zusammenhang die Reflexion eigener Bilder, Muster und Erfahrungen. Auf manche Erzieher*innen wirken Gespräche der Kinder, die sie nicht verstehen, verunsichernd. „Wir müssen doch wissen, was sie reden, wir haben ja auch die Verantwortung. Das ist doch kein Sprachverbot. Also das Wort finde ich jetzt übertrieben", bemerkte eine Erzieher*in im Rahmen einer Teamfortbildung zur Einführung in die Kinderrechte. Darin wurde u. a. die Frage der Anerkennung der Identität, die sich durch die Achtung des Namens und der Herkunftssprache ausdrückt, auf der Folie der Kinderrechte betrachtet und das Recht der Kinder, sich in der Sprache ihrer Wahl auszudrücken, bestärkt.

Mit Empathie für das Gefühl der Irritation und über die Erweiterung der Handlungskompetenz durch konkrete Anregungen, wie in einer solchen Situation die Mehrsprachigkeit der Kinder gewürdigt werden und die Erzieher*in sich als Sprachvorbild anbieten kann, kann Rollenklarheit und Sicherheit im Team entstehen. Wichtig ist dabei die Klarheit in der kinderrechtlichen Bewertung und daraus abgeleitet das Verständnis, dass „Mehrsprachigkeit in peer-Interaktionen [...] nicht unterbunden oder gar verboten wird" (HSMI 2018, S. 93). Zum anderen schärft es den Blick für die Expertise der Kinder, die in der Regel schnell und gut verstehen, wo mit wem in welchem Setting sie welche Sprache sprechen können. Dies gilt es zu fördern und zu würdigen.

Das Hessische Sozialministerium und die Karl Kübel Stiftung empfehlen: „Kinder, die eine gemeinsame Familiensprache haben, nutzen diese häufig auch in der peer-Interaktion in der Kita. [...] Solche Gespräche (eignen sich) dazu, bei den Kindern genauer nachzufragen, was sie da gerade spielen oder sich erklären lassen, was sie gebastelt haben. Durch gezielte Nachfragen und den Hinweis, dass man selbst leider kein Dari oder Tigrinja versteht, kann man Sprachanlässe schaffen und Räume geben, die Kinder erzählen zu lassen." (HSMI 2018, S. 93)

Der Reflexionsprozess kann mit Blick auf das Phänomen des Adultismus (dieses problematisiert die Grundannahme, dass Erwachsene mehr können und wissen [müssen] als Kinder) den Subjektstatus des Kindes in den Mittelpunkt rücken und darüber zu einer gelassenen Haltung bei der Erzieher*in beitragen helfen. Entscheidend ist eine diskriminierungskritische und damit fehlerfreundliche Atmosphäre. Hierin wird das Verstehen von Mechanismen gefördert, die (oft ungewollt) Ungleichheit erzeugende Bilder reproduzieren. Menschen werden nicht auf ihre Aussagen festgelegt bzw. für diese bewertet.

„Kinderrechte – oh, ich denke da habe ich einiges vermisst"

Als Bereicherung für ein tieferes Verstehen der Handlungspraxen der Kolleg*innen beschreiben viele Kita-Teams die gemeinsamen Fortbildungen zur Entwicklung einer kinderrechtsbasierten Institutionenkultur, in der Kinder etwas über ihre Rechte lernen, Gelegenheit erhalten, sich für ihre und die Rechte anderer Kinder einzusetzen und vor allem erleben können, dass sie im Sinne der Kinderrechte behandelt werden. Neben der Wissensvermittlung und der Eröffnung eines Handlungsraums ist vor allem das Alltagserleben von zentraler Bedeutung – ihm kommt in der frühkindlichen Menschenrechtsbildung eine zentrale Funktion zu. Die Entwicklung einer kinderrechtsbasierten Haltung ist daher entscheidend für das Gelingen des Aufbaus einer „Kinderrechte-Kita".

Die Auseinandersetzung mit der eigenen Kinderrechte-Biografie kann dabei wichtige Impulse setzen. Öffnende Fragen in einem vertraulichen und alle Erfahrungen und Erkenntnisse wertschätzenden Setting können ein Verstehen der eigenen Motivationen, aber auch Hindernisse begünstigen. „Also ich bin sehr beschützt aufgewachsen, daher achte ich auch jetzt sehr darauf, dass alle achtsam miteinander umgehen und krieg schnell die Krise, wenn es mal laut und hektisch wird", berichtet eine Erzieherin.

ANREGUNGEN ZUR REFLEXION

- **Wenn ich an meine Kindheit und Jugendzeit denke: Was wusste ich über die Kinderrechte?**
- **Welche Kinderrechte haben für mich eine große Bedeutung gehabt?**
- **Von welchen habe ich Gebrauch machen können?**
- **Welche habe ich vermisst?**
- **Und darauf aufbauend: wenn ich heute an meine professionelle Rolle denke: Welche Rechte sind mir heute wichtig? Welche sind mir selbstverständlich präsent und welche laufen Gefahr, von mir übersehen zu werden?**

„Meine Eltern haben mich sehr gefördert, dass ich mich einmische und meine Meinung sagen kann", berichtet die Leitung einer Kita und bekennt: „Ich glaube, mein Fokus liegt stark auf der Förderung der Partizipation. Auf Ruheräume und Fürsorglichkeit achten glücklicherweise andere im Team." Andere berichten von Einschränkungen und dem Erleben von Verletzungen: „Also, wenn ich so auf die zehn zusammengestellten Rechte schaue, dann muss ich sagen, dass ich ganz schön viele Rechte nicht gehabt habe. Meine Eltern sind sehr streng gewesen und ich durfte als Mädchen viel weniger als meine Brüder." Alle diese Erfahrungen nehmen Erwachsene in ihren verschiedenen Rollen mit: als Erziehungsberechtigte, Nachbar*innen, Übungsanleiter*innen, Lehrer*innen und

Erzieher*innen. Dies zu würdigen und dabei Ressourcen und Handlungsfelder zu entdecken, trägt nicht unwesentlich zur Entwicklung einer kinderrechtsbewussten Institutionenkultur bei. Dabei haben Kita-Teams und Leitungen ebenso wie auch Erziehungsberechtigte und Freund*innen der Familien und Einrichtungen das Recht auf Förderung und Entwicklung. Externe Begleitungen in Form von Fortbildungen, Beratungen und Supervision können diese Prozesse unterstützen.

Insbesondere im Kontext der frühkindlichen Bildung ist eine Auseinandersetzung mit dem Verständnis von und den Blicken auf Kindheit gewinnbringend. „Einer der wenigen Lehrsätze", an die sich Sozialpädagogin und Erzieherin ManuEla Ritz nach eigenen Angaben aus ihrer Ausbildung erinnert, „lautet, das Spiel sei die Arbeit des Kindes". Eindrücklich fährt sie fort: „Würden Erwachsene diesen Denkansatz ernst nehmen, kämen sie wohl kaum auf die Idee, das Spiel des Kindes leichtfertig und ohne Ankündigung zu unterbrechen. [...] Die Arbeit des Erwachsenen (gilt als) wichtig. Das Spiel des Kindes ist es offenbar nicht. Deshalb glauben wir Erwachsenen, wir könnten Kinder, während sie ein Bild malen, etwas bauen, die Puppe wickeln oder ein Buch anschauen, jäh unterbrechen, beispielsweise mit dem Ruf: ‚Essen ist fertig! Komm'." (Ritz 2015, S. 54)

Quellen

Boal, Augusto 1989: Theater der Unterdrückten: Übungen und Spiele für Schauspieler und Nicht-Schauspieler, Frankfurt/M.

Deutsches Institut für Menschenrechte 2016 (Hrsg.): Menschenrechte von Anfang an. Die Bedeutung frühkindlicher Menschenrechtsbildung

Deutsches Kinderhilfswerk/Aktion Schleswig-Holstein Land für Kinder 1997: mitreden – mitplanen – mitmachen, Berlin

Hessisches Ministerium für Soziales und Integration (HMSI) & Karl Kübel Stiftung für Kind und Familie (Hrsg.) 2018: Kinder mit Fluchthintergrund in der Kindertagesbetreuung, Hammersbach

Kaletsch, Christa/Rech Stefan 2015: Heterogenität im Klassenzimmer. Methoden, Beispiele und Übungen zur Menschenrechtsbildung, Schwalbach/Ts.

Makista (Hrsg.) 2019: Kleine Worte – Große Wirkung! Kinderrechtebaukasten für die frühkindliche Bildung und Sprachförderung, Frankfurt/M.

Maywald, Jörg 2010: UN-Kinderrechtskonvention: Bilanz und Ausblick, in: Aus Politik und Zeitgeschichte, Kinderrechte, S. 8–15

Maywald, Jörg 2012: Kinder haben Rechte! Kinderrechte kennen – umsetzen – wahren, Weinheim

Maywald, Jörg 2016: Kinderrechte in der Kita. Kinder schützen, fördern, beteiligen, Freiburg/Br.

Mecheril, Paul 2004: Einführung in die Migrationspädagogik, Weinheim

National Coalition 2019: Die Umsetzung der UN-Kinderrechtskonvention in Deutschland. 5./6. Ergänzender Bericht an die Vereinten Nationen, Berlin

Nentwig-Gesemann/Walther/Thedinga 2017: Kindgerecht aus Kindersicht – die QuaKi-Studie, DESI Berlin

Ritz, ManuEla 2015: Kindsein ist kein Kinderspiel. Adultismus – ein (un)bekanntes Phänomen, in: Zentralwohlfahrtsstelle der Juden in Deutschland (Hrsg.), Materialien N 185, Frankfurt/M., S. 52–61

KINDER RECHTE

Katharina Gerarts (Hg.)

Methodenbuch Kinderrechte

Was brauchen Kinder und Jugendliche für ein gutes Aufwachsen? Was benötigen sie, um ihre Rechte verwirklichen zu können? Wo besteht Handlungsbedarf? Diese Fragen können Kinder und Jugendliche am besten selbst beantworten. Im Methodenbuch Kinderrechte werden die Möglichkeiten ihrer Einbindung in die Realisierung kinderfreundlicher Politik beleuchtet. Die Erstellung von kinderrechtlichen Wegweisern für Politik und Institutionen wird methodisch unterfüttert.

ISBN 978-3-95414-137-1,
96 Seiten, € 12,90
PDF: ISBN 978-3-95414-138-8, € 10,99

W. Edelstein, L. Krappmann, S. Student (Hg.)

Kinderrechte in die Schule

ISBN 978-3-95414-067-1,
208 Seiten, € 22,80
PDF: 978-3-95414-068-8, € 12,80

L. Krappmann, Ch. Petry (Hg.)

Worauf Kinder und Jugendliche ein Recht haben

ISBN 978-3-95414-054-1,
304 Seiten, € 29,90
PDF: 978-3-95414-055-8, € 23,99

D. Bär, R. Roth (Hg.)

Kinderrechte kommunal verwirklichen

ISBN 978-3-95414-146-3,
250 Seiten, € 29,90
PDF: 978-3-95414-147-0, € 23,99

debus PÄDAGOGIK

Eschborner Landstr. 42-50, 60489 Frankfurt/M.
Tel.: 069/7880772-0, Fax: 069/7880772-25
info@debus-paedagogik.de
www.debus-paedagogik.de